...ON DES CAHIERS VAUDOIS

(pendant la guerre)

LOUVAIN...
REIMS...

II

DOCUMENTS

à Lausanne chez C. Tarin

1915

LES CAHIERS VAUDOIS

ont publié jusqu'à ce jour :

en mars, dans la série blanche :
C.-F. Ramuz, **Raison d'être**, un cahier de
64 pages mis en vente à 3 francs. (Epuisé.)

en avril, dans la série verte :
Opinions et rubriques, un cahier de 112 pages
mis en vente à 2 francs.

en mai, dans la série blanche :
René Morax, **Tell**, drame avec chœurs, un
cahier de 166 pages, mis en vente à 3 francs.

en juin, hors série :
Quatre images, gravées sur bois par Henry
Bischoff, dans un cartonnage spécial, 20 fr.

en juillet, dans la série blanche :
Alexandre Cingria, **La République de Genève**, un cahier de 130 pages,   3 fr.

en juillet, hors série :
C.-F. Ramuz, **Adieu à beaucoup de personnages**, un volume de 140 pages,   3 fr.

en juillet, dans la série verte :
Par le pays, un cahier de 104 pages,   2 fr.

en septembre, dans la série blanche :
Pierre-Louis Matthey, **Seize à vingt**, poé-
sies, un cahier de 96 pages,   3 fr.

en octobre, dans la série verte :
Chansons, vers de C.-F. Ramuz, bois de Henry
Bischoff, un cahier de 48 pages,   1 fr.

en novembre, dans la série verte :
D'avant la guerre, un cahier de 92 pages,
mis en vente à 2 fr.

en décembre, dans la série blanche :
Propos licites de l'Actualité politique, de
Maurice Baud, un cahier de 43 pages,
à 75 centimes.

en janvier 1915, dans la série verte :
Louvain-Reims, un cahier de 70 pages, mis
en vente à 1 franc.

en février, dans la série verte :
Propos de Paix et de Guerre, un cahier de
94 pages, mis en vente à 1 franc.

A paraître :

en mars, dans la série blanche :
Culture française et culture allemande, par
Louis Dumur.

LOUVAIN... REIMS

II

ÉDITION DES CAHIERS VAUDOIS

(pendant la guerre)

LOUVAIN...

REIMS...

II

DOCUMENTS

à Lausanne chez C. Tarin

1915

LOUVAIN

COMMUNIQUÉS ET RAPPORTS

LOUVAIN EN RUINES

(*Havas*.) On mande de Londres :

Paris, 29 août.

Un communiqué du ministère des affaires étrangères de Belgique annonce que, mardi, un corps allemand ayant éprouvé un échec, se retira en désordre sur Louvain. Les Allemands, qui gardaient l'entrée du village, s'imaginant que c'étaient des Belges qui arrivaient, firent feu sur leurs compatriotes qui venaient.

Ensuite, les Allemands, pour couvrir leur erreur, prétendirent que c'étaient les habitants qui avaient tiré, alors que les habitants et la police elle-même avaient été désarmés depuis plus d'une semaine. Sans faire une enquête, ni même écouter les protestations, le commandant allemand déclara que la ville serait détruite sur le champ.

Ordre fut donné aux habitants de quitter leurs habitations. Une partie des hommes furent faits prisonniers et les femmes et les enfants furent embarqués dans des trains pour une destination inconnue.

Les soldats, au moyen de grenades incendiaires, mirent le feu à tous les quartiers de la ville. Plusieurs notables furent fusillés.

La ville de Louvain, qui comptait 45 000 habitants, et qui était la métropole intellectuelle des Pays-Bas depuis le XVe siècle, n'est plus aujourd'hui qu'un monceau de cendres.

L'HORRIBLE DESTRUCTION DE LOUVAIN
D'APRÈS L'AGENCE WOLFF

Sp. Berlin, 29 août.

Wolff. Au sujet de la destruction de Louvain, le correspondant de guerre de la *Gazette de Voss* écrit que, tout à coup, les habitants de la ville, qui, jusque-là, s'étaient montrés pacifiques, commencèrent de tirer des coups de revolver et de fusil des fenêtres, des caves et des toits, sur les postes allemands et les colonnes de troupes qui traversaient la ville sans méfiance.

Une terrible mêlée s'engagea, à laquelle prirent part toute la population civile de la ville et de nombreux soldats. L'attitude de la population méritait des représailles inexorables.

C'est ainsi que l'ancienne ville de Louvain, riche en œuvres d'art, n'existe plus aujourd'hui. Sans aucun doute, l'attaque de la population avait été organisée par les autorités. Elle était destinée à soutenir la sortie des troupes belges d'Anvers, qui s'est produite exactement au même moment.

(*Gazette de Lausanne*, samedi, 29 août 1914.)

LA DESTRUCTION DE LOUVAIN

Les excuses allemandes.

Berlin, 30. (Source officielle.) La ville de Louvain a été remise aux Allemands par les autorités le lundi 24 août; ils ont commencé à Louvain le débarquement des troupes; les relations avec les habitants se développaient amicalement.

Mardi, 25 août, dans l'après-midi. les troupes ayant reçu la nouvelle d'une sortie de l'armée belge d'Anvers, partirent de Louvain et le général commandant se rendit en automobile au devant des colonnes ennemies. Seules quelques troupes restèrent pour la garde des lignes de chemins de fer ainsi que le bataillon de landsturm de Neuss.

Lorsque le deuxième échelon du commandement général voulut suivre le général commandant avec ses chevaux, il essuya sur la place du marché le feu de toutes les maisons avoisinantes. Tous les chevaux furent tués et cinq officiers blessés, dont un grièvement. A la même heure, le feu fut ouvert sur dix autres points de la ville, ainsi que sur les troupes qui venaient d'arriver à la gare.

Un plan convenu d'avance avec les troupes d'Anvers devait avoir été préparé soigneusement; deux prêtres qui ont été surpris en flagrant délit, lorsqu'ils distribuaient des cartouches, ont été fusillés sur la place de la gare.

Le combat dans les rues a duré jusqu'au 26 août, dans l'après-midi, lorsque des renforts réussirent à maîtriser la révolte. La ville et le faubourg nord ont pris feu en plusieurs endroits et ont probablement été incendiés.

(*Tribune de Lausanne* du 31 août 1914.)

LES HORREURS DE LOUVAIN

(De source allemande.)

Berlin 31. — On continue à recevoir des nouvelles sur la destruction de Louvain. Les journaux disent que la population se souleva à l'improviste à huit heures du soir. D'abord on ne comprit pas d'où partaient les coups et l'on criait : « Voilà les Anglais ! » puis on découvrit que les tirailleurs s'étaient portés sur les toits, derrière les cheminées et aux fenêtres des étages supérieurs. Les soldats ripostèrent.

Un témoin oculaire raconte, dans la *Kœlnische Zeitung*, s'être sauvé en criant aux soldats qui déjà le visaient : « Vous allez tuer quelqu'un de Cologne ! » Alors, ils le laissaient libre. Le nombre des victimes du côté allemand n'est pas encore établi. Les représailles durèrent toute la nuit : tous ceux qui furent trouvés en possession d'armes furent fusillés, et les maisons d'où on avait tiré furent incendiées.

« Le spectacle était terrible, dit-il, la ville flambait de tous côté. Sous nos yeux, on fusillait continuellement ; deci, delà, des tonneaux d'alcool faisaient explosion. C'était un vacarme assourdissant. Le jour d'après nous apparut un horrible spectacle. Les fusillés jonchaient les rues et l'on amenait toujours de nouveaux coupables pour être fusillés. On voyait des femmes en pleurs et des enfants qui imploraient et, malgré toute la colère pour l'assaut que nous avions subi, aucun cœur allemand ne pouvait s'empêcher d'un mouvement de compassion pour ces victimes innocentes. »

(Tribune de Lausanne du 1er septembre.)

VERSION COMMUNIQUÉE A LA PRESSE
LE 31 AOUT
PAR LE CONSULAT D'ALLEMAGNE A GENÈVE

« La ville de Louvain a été remise aux Allemands par les autorités, le 24 août. Ils ont commencé à Louvain le débarquement des troupes ; les relations avec les habitants se développaient amicalement.

» Le mardi 25 août, dans l'après-midi, les troupes ayant reçu la nouvelle d'une sortie de l'armée belge d'Anvers, partirent de Louvain, et le général commandant se rendit en automobile au devant des troupes ennemies. Seules quelques troupes restèrent pour la garde des lignes de chemin de fer, ainsi que le bataillon de landsturm de Neuss. Lorsque le deuxième échelon du commandement général voulut suivre le commandant avec ses chevaux, il essuya, sur la place du Marché, le feu de toutes les maisons avoisinantes. Tous les chevaux furent tués et cinq officiers blessés, dont un grièvement. A la même heure, le feu fut ouvert sur dix autres points de la ville, ainsi que sur les troupes qui venaient d'arriver à la gare. Un plan convenu d'avance avec les troupes d'Anvers devait avoir été préparé soigneusement. Deux prêtres, surpris en flagrant délit lorsqu'ils distribuaient des cartouches, ont été fusillés sur la place de la gare. Le combat dans les rues a duré jusque dans l'après-midi du 26 août. Alors, des renforts réussirent à maîtriser la révolte. La ville et le faubourg nord ont pris feu en plusieurs endroits et ont probablement été incendiés.

» Du côté du gouvernement belge, un soulèvement général du peuple contre l'ennemi était organisé depuis longtemps. Des dépôts d'armes étaient installés, où chaque fusil portait le nom du bourgeois auquel il était destiné. Il est vrai que la Conférence de La Haye, sur la proposition des petits Etats, a reconnu conforme au droit des gens un soulèvement spontané de la population, à condition que les armes soient portées ouvertement et que les lois de la guerre soient observées. Un tel soulèvement n'est cependant admissible que pour combattre l'ennemi menaçant. Dans le cas de Louvain, la ville s'était déjà rendue et de ce fait la population avait renoncé à toute résistance. La ville était occupée par nos troupes. Néanmoins, la population a attaqué les troupes d'occupation et celles qui suivaient et qui, vu l'attitude jusque-là pacifique de la population, arrivaient par chemin de fer et en autos. La population a assailli ces troupes de tous côtés et les a exposées à une fusillade meurtrière.

» Il ne s'agissait donc plus d'un moyen de défense admissible au point de vue du droit des gens, pas plus que d'une ruse de guerre permise, mais d'un infâme guet-apens de la population civile. Ce guet-apens est d'autant plus grave qu'il était projeté évidemment d'avance, et qu'il a, de fait, coïncidé avec une sortie d'Anvers. Les armes n'étaient pas portées ouvertement. Des femmes et des jeunes filles ont pris part au combat et ont crevé les yeux aux blessés.

» La conduite barbare de la population belge, dans presque toutes les parties du pays occupées par nous, nous a donné non seulement le droit de prendre les mesures de répression les plus sévères, mais nous en a imposé la nécessité, dans l'intérêt de la conservation de nos troupes. L'intensité de la résistance de la part de la population résulte du fait qu'il a fallu plus de vingt-quatre heures pour vaincre ces attaques. Que ces luttes aient pour conséquence la destruction, en grande partie, de la ville de Louvain, cela nous touche douloureusement. De telles circonstances n'étaient pas, naturellement, dans nos intentions, mais elles étaient inévitables en raison de l'infâme guerre de francs-tireurs entreprise contre nous. Celui qui connaît le bon caractère de nos troupes ne saurait sérieusement prétendre qu'elles puissent avoir un penchant aux destructions inutiles ou même malveillantes. C'est à la population belge elle-même, qui s'est placée en dehors du droit et de la loi, qu'incombe la pleine responsabilité des événements, ainsi qu'au gouvernement belge qui, avec une légéreté criminelle, a donné à la population des instructions contraires au droit des gens en l'incitant à la résistance et qui, malgré nos avertissements répétés, n'a rien fait après la chute de Liège pour engager la population à une conduite pacifique.

» Le gouvernement impérial a protesté de la façon la plus catégorique auprès du Conseil fédéral suisse aussi, contre la manière contraire au droit avec laquelle la Belgique fait la guerre. »

COMMISSION D'ENQUÊTE SUR LA VIOLATION
DES RÈGLES DU DROIT DES GENS
DES LOIS ET DES COUTUMES DE LA GUERRE [1]

2me RAPPORT

Anvers, le 31 août 1914.

A Monsieur Carton de Wiart, Ministre de la Justice.

Monsieur le Ministre,

La Commission d'enquête a l'honneur de vous faire le rapport suivant sur des faits dont la ville de Louvain, les localités avoisinantes et la région de Malines ont été le théâtre :

L'armée allemande pénétra dans Louvain le mercredi 19 août, après avoir incendié les villages par lesquels elle avait passé.

Dès leur entrée dans la ville de Louvain, les Allemands réquisitionnèrent des logements et des vivres pour leurs troupes. Ils se rendirent dans toutes les banques de la ville et s'y firent remettre l'encaisse. Les soldats allemands fracturèrent les portes des maisons abandonnées par leurs habitants, les pillèrent et s'y livrèrent à des orgies.

L'autorité allemande prit des otages : le bourgmestre de la ville, le sénateur Van der Kelen, le vice-recteur de l'Université catholique, le curé-doyen de la ville, des magistrats et des échevins furent aussi retenus. Toutes les armes détenues par les habitants, jusqu'aux fleurets d'escrime, avaient été remises à l'ad-

---

[1] La Commission est composée comme suit : président, M. Cooreman, ministre d'Etat; membres : MM. le comte Goblet d'Alviella, ministre d'Etat, vice-président du Sénat; Ryckmans, sénateur; Strauss, échevin de la ville d'Anvers; van Cutsem, président honoraire du Tribunal de 1re instance d'Anvers; secrétaires : MM. le chevalier Ernst de Bunswyck, chef du cabinet du ministre de la Justice; Orts, conseiller de légation de S. M. le roi des Belges.

ministration communale et déposées par ses soins dans l'église de Saint-Pierre.

Dans un village avoisinant, Corbeek-Loo, une jeune femme, âgée de 22 ans, dont le mari se trouvait à l'armée, fut surprise le mercredi 19 août, avec divers de ses parents, par une bande de soldats allemands. Les personnes qui l'accompagnaient furent enfermées dans une maison abandonnée, tandis qu'elle-même fut entraînée dans une autre habitation où elle fut successivement violée par cinq soldats.

Dans le même village, le jeudi 20 août, des soldats allemands cherchèrent dans leur demeure une jeune fille de seize ans environ et ses parents. Ils les conduisirent dans une propriété abandonnée et, pendant que quelques-uns d'entre eux tenaient en respect le père et la mère, les autres pénétraient dans l'habitation dont la cave avait été ouverte et forçaient la jeune fille à boire. Puis ils la menèrent sur une pelouse devant l'habitation et la violèrent successivement. Comme elle continuait à opposer de la résistance, ils lui percèrent la poitrine à coups de bayonnette. La jeune fille, abandonnée par eux après ces actes abominables, fut reconduite chez ses parents et le lendemain, à raison de la gravité de son état, administrée par le curé de la paroisse et conduite à l'hôpital de Louvain. Elle était à ce moment en danger de mort.

Les 24 et 25 août, les troupes belges, sortant du camp retranché d'Anvers, attaquèrent l'armée allemande qui se trouvait devant Malines.

Les troupes allemandes furent refoulées jusqu'à Louvain et Vilvorde.

Pénétrant dans les villages qui avaient été occupés par l'ennemi, l'armée belge trouva tout le pays dévasté. Les Allemands en se retirant avaient ravagé et incendié les villages, emmenant les habitants mâles qu'ils poussaient devant eux.

Entrant dans Hofstade le 25 août, les soldats belges trouvèrent le cadavre d'une vieille femme qui avait été tuée à coups de bayonnette; elle avait encore en mains l'aiguille avec laquelle elle cousait lorsqu'elle fut frappée; une femme et son fils, âgé de quinze ou seize ans environ, gisaient, transpercés de coups de bayonnette; un homme avait été pendu.

A Sempst, village voisin, se trouvaient les cadavres de deux hommes partiellement carbonisés. L'un d'eux avait les jambes coupées à la hauteur des genoux; l'autre avait les bras et les jambes coupés. Un ouvrier, dont plusieurs témoins ont vu le cadavre calciné, avait été frappé à coups de bayonnette. Encore vivant, les Allemands l'avaient enduit de pétrole et jeté dans la maison à laquelle ils mirent le feu.

Une femme sortant de sa maison, avait été abattue de la même façon.

Un témoin, dont la déclaration a été reçue par M. Edward Hertslet, fils de sir Cecil Hertslet, consul général de la Grande-Bretagne, à Anvers, déclare avoir vu, non loin de Malines, le 20 août, lors de la dernière attaque des troupes belges, un vieillard attaché par les bras à une poutre du plafond de sa ferme. Le corps était complètement carbonisé; la tête, les bras et les pieds étaient intacts. Plus loin, un enfant d'environ quinze ans était attaché les mains derrière le dos, le corps complètement lardé de coups de bayonnette. De nombreux cadavres de paysans gisaient dans des positions de pardon, les bras levés ou les mains jointes.

Le consul de Belgique dans l'Uganda, engagé volontaire dans l'armée belge, rapporte que partout où les Allemands ont passé le pays est dévasté. Les quelques habitants qui sont restés dans les villages racontent des horreurs commises par l'ennemi. C'est ainsi qu'à Wackerzeel, sept Allemands auraient violé consécutivement une femme et l'ont ensuite tuée. Dans le même village, ils ont déshabillé jusqu'à la taille un jeune garçon, l'ont menacé de mort en plaçant un revolver sur sa poitrine, l'ont piqué avec des lances, l'ont ensuite chassé dans un champ et ont tiré sur lui sans l'atteindre.

Partout, ce ne sont que ruines et dévastations. A Buecken, de nombreux habitants, dont le curé, âgé de plus de 80 ans, ont été tués.

Entre Impde et Wolverthem, deux soldats belges blessés étaient couchés près d'une maison qui brûlait. Des Allemands ont jeté ces deux malheureux dans le brasier.

Les troupes allemandes, repoussées par nos soldats, entrèrent

en pleine panique dans Louvain, le 26 août, à la tombée du jour.
Divers témoins nous affirment qu'à ce moment la garnison allemande qui occupait Louvain fut prévenue erronément que l'ennemi pénétrait dans la ville. Elle se dirigea immédiatement en
tiraillant vers la station où elle se rencontra avec les troupes
allemandes refoulées par les Belges qui venaient de cesser la
poursuite. Tout semble démontrer qu'un contact se produisit entre
les régiments allemands.

Dès ce moment, prétendant que des civils avaient tiré sur leurs
soldats, ce qui est contredit par tous les témoins et ce qui n'eût
guère été possible, puisque les habitants de Louvain, depuis plusieurs jours, avaient dû remettre leurs armes aux autorités com-
munales, les Allemands commencèrent à bombarder la ville. Le
bombardement dura jusque vers 10 heures du soir. Puis les Allemands mirent le feu à la ville. Là où l'incendie n'avait pas pris,
les soldats allemands pénétraient dans les habitations et jetaient
des grenades incendiaires dont certains semblent pourvus. La
plus grande partie de la ville de Louvain, spécialement les quartiers de la ville haute, comprenant les bâtiments modernes, la
cathédrale de Saint-Pierre, les Halles Universitaires, avec toute la
Bibliothèque de l'Université, ses manuscrits, ses collections, la
plupart des instituts scientifiques de l'Université, le Théâtre communal, étaient dès ce moment la proie des flammes.

La Commission croit devoir insister, au milieu de toutes ces
horreurs, sur le crime de lèse-civilisation que constitue l'anéantissement délibéré d'une bibliothèque académique qui était un des
trésors de notre temps.

De nombreux cadavres de civils jonchaient les rues et les
places. Sur la seule route de Tirlemont à Louvain, un témoin en
a compté plus de 50. Sur le seuil des habitations se trouvaient
des cadavres carbonisés d'habitants qui, surpris dans leurs caves
par l'incendie, avaient voulu s'échapper et étaient tombés dans le
brasier. Les faubourgs de Louvain ont subi le même sort. On
peut affirmer que toute la région située entre Louvain et Malines
et la plupart des faubourgs de Louvain sont presque anéantis.

Un groupe de plus de 75 personnes, qui comprenait diverses
personnalités de la ville et parmi lequel se trouvaient le Père

Coloboet et un autre prêtre espagnol, ainsi qu'un prêtre américain, a été conduit dans la matinée du mercredi 26 août sur la
place de la Station ; les hommes ont été brutalement séparés de
leurs femmes et de leurs enfants et après avoir subi les traitements
les plus abominables. et été menacés à diverses reprises d'être
fusillés, ont été conduits devant le front des troupes allemandes
jusqu'au village de Campenhout. Ils ont été enfermés dans l'église
du village où ils ont passé la nuit. Le lendemain, vers quatre
heures, un officier allemand les prévint de ce qu'ils pouvaient se
confesser et de ce qu'ils seraient fusillés une demi heure plus
tard. Vers quatre heures et demie, on les mit en liberté. Peu
après, ils furent arrêtés de nouveau par une brigade allemande,
qui les força à marcher devant elle dans la direction de Malines.
Répondant à une question d'un des prisonniers, un officier allemand déclara qu'on allait leur faire goûter de la mitraille belge
devant Anvers. Ils furent enfin relâchés, le jeudi après-midi, aux
portes de Malines.

Il résulte d'autres témoignages que plusieurs milliers d'habitants mâles de Louvain, qui avaient échappé aux fusillades et à
l'incendie, ont été dirigés sur l'Allemagne dans un but que nous
ignorons.

L'incendie a continué pendant plusieurs jours. Un témoin oculaire, qui, le 30 août dernier, a quitté Louvain, expose l'état de
la ville à ce moment :

« A partir de Weert-Saint-Georges, je n'ai rencontré, dit-il,
» que des villages brûlés et des paysans affolés, levant à chaque
» rencontre les bras en signe de soumission. Toutes les maisons
» portaient un drapeau blanc, même celles qui avaient été incen-
» diées, et on en voyait des lambeaux pendant sur les ruines.

» A Weert-Saint-Georges, j'ai interrogé les habitants sur les
» causes des représailles allemandes, et ils m'ont affirmé de la
» façon la plus absolue qu'aucun habitant n'avait tiré, que les
» armes avaient, d'ailleurs, été préalablement déposées, mais que
» les Allemands s'étaient vengés sur la population de ce qu'un
» militaire belge, appartenant au corps de la gendarmerie, avait
» tué un uhlan.

» La population restée à Louvain est réfugiée dans le faubourg

» de Héverlé, où elle est entassée, la population ayant d'ailleurs
» été chassée de la ville par les troupes et l'incendie.

» Un peu au-delà du Collège Américain, l'incendie a commencé
» et la ville est *entièrement* détruite, à l'exception de l'Hôtel de
» Ville et de la gare. Aujourd'hui, d'ailleurs, l'incendie continuait,
» et les Allemands, loin de prendre des mesures pour l'arrêter,
» paraissaient entretenir le feu en y jetant de la paille, comme je
» l'ai constaté dans la rue joignant l'Hôtel de Ville. La Cathé-
» drale, le théâtre sont détruits et effondrés, de même que la
» Bibliothèque ; la ville présente, en somme, l'aspect d'une vieille
» cité en ruines, au milieu de laquelle circulent seulement des
» soldats ivres, portant des bouteilles de vin et de liqueurs, les
» officiers eux-mêmes étant installés dans des fauteuils autour de
» tables et buvant comme leurs hommes.

» Dans les rues pourrissent au soleil des chevaux tués, déjà
» complètement enflés, et l'odeur de l'incendie et de la pourriture
» est telle que cette odeur m'a poursuivi longtemps. »

La Commission n'est pas parvenue jusqu'ici à recueillir des
renseignements sur le sort du Bourgmestre de Louvain, ni sur
celui des notables retenus en otage.

Des faits qui lui ont été signalés jusqu'à présent, la Commission
croit pouvoir tirer les conclusions suivantes :

Dans cette guerre, l'occupation est suivie systématiquement,
parfois même précédée et accompagnée de violences contre la
population civile qui sont également contraires aux lois conven-
tionnelles de la guerre et aux principes les plus élémentaires de
l'humanité.

La façon de procéder des Allemands est partout la même. Ils
s'avancent le long des routes en fusillant les passants inoffensifs,
particulièrement les cyclistes, et même les paysans occupés sur
leur passage aux travaux des champs.

Dans les agglomérations où ils s'arrêtent, ils commencent par
réquisitionner les aliments et les boissons, qu'ils consomment
ensuite jusqu'à l'ivresse.

Parfois, de l'intérieur des maisons inoccupées, ils tirent des
coups de fusils au hasard et déclarent que ce sont des habitants
qui ont tiré. Alors commencent les scènes d'incendie, de meurtre

et surtout de pillage, accompagnées d'actes de froide cruauté qui ne respectent ni le sexe, ni l'âge. Là même où ils prétendent connaître le coupable des faits qu'ils allèguent, ils ne se bornent pas à l'exécuter sommairement, mais en profitent pour décimer la population, piller toutes les habitations, puis y mettre le feu.

Après un premier massacre exécuté un peu au hasard, ils enferment les hommes dans l'église de la localité, puis ordonnent aux femmes de rentrer chez elles et de tenir ouverte, pendant la nuit, la porte de leurs demeures.

Dans plusieurs localités, la population mâle a été dirigée sur l'Allemagne, pour y être contrainte, paraît-il, à exécuter les travaux de la moisson, comme aux jours de l'esclavage antique. Les cas sont nombreux où l'on force les habitants à servir de guide, à exécuter des tranchées et des retranchements pour les Allemands. De nombreuses dépositions attestent que dans leurs marches, ou même leurs attaques, les Allemands mettent au premier rang des civils, hommes et femmes, afin d'empêcher nos soldats de tirer. D'autres témoignages d'officiers et de soldats belges attestent que des détachements allemands ne se gênent point pour arborer, soit le drapeau blanc, soit le drapeau de la Croix-Rouge, afin d'approcher nos troupes sans défiance. Par contre, ils tirent sur nos ambulances et maltraitent nos ambulanciers. Ils maltraitent, même achèvent nos blessés. Les membres du clergé semblent devoir être spécialement l'objet de leurs attentats. Enfin, nous avons en notre possession des balles expansives abandonnées par l'ennemi à Werchter et nous possédons des certificats médicaux attestant que des blessures ont dû être infligées par des balles de ce genre.

Les documents et dépositions sur lesquels s'appuient ces constatations seront publiés.

Le Président,
(S.)   Cooreman.

Les Secrétaires,
(S.)   Ch. Ernst de Bunswick ;
Orts.

DE L'AGENCE WOLFF

Berlin, 5 septembre.

(*Wolff*). On mande de source officielle :

La Belgique publie officiellement de faux renseignements sur les événements qui ont eu pour conséquence la destruction de la ville de Louvain, prétendant que les troupes allemandes, repoussées à la suite d'une sortie des forces d'Anvers, ont essuyé par erreur le feu de la garnison allemande de Louvain, ce qui aurait donné lieu à la bataille de Louvain. Or, il est incontestable que les Allemands avaient repoussé l'attaque belge ; pendant le combat d'Anvers, il se produisit à Louvain une attaque, sans doute organisée, contre les Allemands restés dans cette ville, bien que, depuis vingt-quatre heures, ces derniers eussent noué des rapports amicaux avec les habitants.

L'attaque fut dirigée principalement contre un bataillon de landsturm, composé de gens tranquilles, de pères de famille, ainsi que contre une partie restée en arrière de l'état-major d'un commandement général ; les Allemands eurent de nombreux morts et blessés. Ils eurent cependant l'avantage, grâce à de nouvelles forces amenées par le chemin de fer. Ces dernières furent reçues à la gare par des coups de feu.

Au sujet des détails de l'affaire, une instruction est en cours, et ses résultats seront publiés, mais la véracité de ce qui précède est hors de doute.

L'Hôtel de Ville a été préservé des flammes. Les autres tentatives de limiter l'incendie sont restées sans résultat.

(*Journal de Genève*, 6 septembre 1914.)

COMMISSION D'ENQUÊTE SUR LA VIOLATION
DES RÈGLES DU DROIT DES GENS
DES LOIS ET DES COUTUMES DE LA GUERRE

EXTRAIT DU 3me RAPPORT

Anvers, le 10 septembre 1914.

Afin de compléter son rapport du 31 août, la Commission croit devoir signaler qu'il est confirmé que dans les journées qui ont suivi l'incendie de Louvain, les maisons demeurées debout, dont les habitants avaient été chassés par l'envahisseur, ont été livrées au pillage sous les yeux des officiers allemands. Le 2 septembre, un témoin a encore vu les Allemands mettre le feu à quatre maisons.

Un autre fait qui souligne le caractère implacable du traitement infligé à la population paisible de Louvain, a été également établi : le 28 août, une foule de 6 à 8000 personnes, hommes, femmes et enfants, de tout âge et de toutes conditions, a été conduite sous escorte d'un détachement du 162e régiment d'infanterie allemande, au manège de la ville, où ces infortunés ont passé toute la nuit. L'exiguïté du local était telle, eu égard au nombre des occupants, que ceux-ci ont dû demeurer debout, endurant de si grandes souffrances, qu'au cours de cette nuit tragique plusieurs femmes ont été frappées de folie et que des enfants en bas âge sont morts dans les bras de leur mère.

Un communiqué du grand état-major allemand, dont la *Gazette de Cologne* du 29 août nous a apporté le texte, affirme que le « châtiment » infligé à Louvain se justifiait par le fait qu'un bataillon de Landwehr, laissé seul dans la ville pour garder les communications, aurait été attaqué par la population civile, agissant sous l'impression que le gros de l'armée allemande s'était retiré définitivement.

Le même journal a publié le récit d'un prétendu témoin de l'événement.

L'enquête a établi que cette affirmation doit être considérée comme fausse. Il est acquis, en effet, que la bourgeoisie de Louvain, d'ailleurs préalablement désarmée par l'autorité communale, n'a provoqué les Allemands par aucun acte d'hostilité.

Les Secrétaires :   *Le Président :*

(s) Ch. Ernst de Bunswyck, Orts.   (s) Cooreman.

EXTRAIT DU 5me RAPPORT

Le jeudi 27 août, à 8 heures, ordre fut donné à tous les habitants de quitter Louvain, la ville devant être bombardée.

Vieillards, femmes, enfants, malades, aliénés colloqués, religieux, religieuses, furent chassés brutalement sur toutes les routes comme un troupeau. Ce que furent l'exode des habitants, les atrocités commises, on commence seulement à le savoir ; ils furent chassés au loin, sous la direction de soldats brutaux, dans des directions diverses, forcés de s'agenouiller et de lever les bras à chaque passage d'officiers et de soldats allemands, sans nourriture et la nuit sans abri.

Plusieurs moururent en route ; d'autres, parmi lesquels des femmes et des enfants qui ne pouvaient suivre, ainsi que des ecclésiastiques furent fusillés. Plus de 10 000 habitants furent poussés jusqu'à Tirlemont, ville située à près de 20 kilomètres de Louvain. Ce que dut être leur calvaire, on ne peut le décrire. Beaucoup d'entre eux furent encore repoussés le lendemain, de Tirlemont jusqu'à Saint-Trond et Hasselt.

Pour ne citer qu'un exemple, il nous suffira de dire qu'un groupe de treize ecclésiastiques, comprenant le curé de Saint-Joseph, M. Noël, professeur à l'Université, le Père recteur de Scheut, a été arrêté, en cours de route, dans la commune de Lovenjoul. Ils ont été injuriés de toutes les façons, enfermés dans une porcherie dont les Allemands avaient, sous leurs yeux, fait sortir les porcs, puis certains d'entre eux ont été forcés d'enlever tous leurs vêtements ; tous ont été fouillés, dépouillés de toutes les valeurs et de tous les objets précieux qu'ils emportaient, brutalisés et frappés.

L'expulsion des habitants semble avoir eu pour mobile de faciliter le pillage, Les soldats étaient si pressés de voler que plusieurs témoins affirment avoir vu commencer le pillage de leurs habitations au moment même où ils devaient les quitter.

Le pillage, commencé le jeudi 27 août, dura huit jours. Par bandes de six ou huit, les soldats enfonçaient les portes ou brisaient les fenêtres, pénétraient dans les caves, se grisaient de vin, saccageaient les meubles, éventraient les coffres-forts, volaient l'argent, les tableaux, les œuvres d'art, l'argenterie, le linge, les vêtements, le vin, les provisions.

Les carnets de campagne trouvés sur les soldats allemands faits prisonniers à Aerschot contiennent des aveux irrécusables :

Klein, Gaston, appartenant à la 1re compagnie du Landsturm, écrit sous la date du 29 août :

« A partir de Roosbeek nous commencions à avoir un aperçu de la guerre ; maisons incendiées, murs troués par des balles, cadran de la tour enlevé par un obus, etc. Quelques croix isolées indiquaient la tombe des victimes. Nous arrivons à Louvain, qui était une véritable fourmilière militaire. Le bataillon de la Landsturm de Halle arrive, traînant après lui toutes sortes de choses, surtout des bouteilles de vin et, parmi eux, il y en avait beaucoup qui étaient ivres. Un peloton de dix cyclistes roulaient à travers la ville pour chercher un logement, et en montrait une image de dévastation telle qu'il est impossible de s'en faire une idée pire. Des maisons brûlant et s'effondrant, entouraient les rues ; quelques rares maisons demeuraient debout. La course se poursuivait sur des débris de verre ; des morceaux de bois brûlaient, etc. Les fils conducteurs du tram et ceux du téléphone traînaient dans les rues et les obstruaient.

« Les stations encore debout étaient remplies de «logés ». De retour à la gare, personne ne savait ce qui devait se faire. D'abord quelques troupes seulement se seraient rendues en ville, mais alors le bataillon allait en rangs serrés en ville pour entrer par effraction dans les premières maisons, pour marauder du vin et autre chose aussi, pardon, réquisitionner. *Ressemblant à une meute en débandade, chacun y alla à sa fantaisie. Les officiers précédaient et donnaient le bon exemple.*

» Une nuit, dans une caserne, de nombreux ivrognes, ce fut fini.

» *Cette journée m'inspira un mépris que je ne saurais décrire.* »

Sans compter les Halles universitaires et le Palais de Justice, 894 maisons ont été incendiées sur le territoire de la ville de Louvain, 500 environ sur celui du faubourg de Kessel-Loo. Le faubourg de Herent, la commune de Corbeek-Loo ont été presque entièrement détruits.

Il serait impossible de déterminer actuellement le nombre des victimes. A la date du 8 septembre, quarante-deux cadavres avaient été retirés des décombres.

* * *

Pour justifier les atrocités qu'ils ont commises, les Allemands prétendent que des civils ont tiré sur leurs troupes. Nos rapports précédents ont déjà rencontré cette allégation mensongère.

La vérité est que partout le meurtre de citoyens paisibles, le pillage, le vol, semblent avoir été méthodiquement organisés.

Un témoin de nationalité étrangère nous a rapporté avoir entendu, le 26 août, devant l'Hôtel de Ville de Louvain, un officier allemand dire à ses troupes que jusqu'à ce moment les Allemands n'avaient incendié que des villages ou des localités d'importance secondaire, que pour la première fois on allait assister à l'embrasement d'une grande ville.

L'incendie suit presque toujours le pillage ; il paraît n'avoir souvent d'autre but que d'en faire disparaître les traces. Fréquemment, les maisons sont incendiées au moyen de fusées ; d'autres fois elles sont arrosées de pétrole ou de naphte, au moyen de pompes ; d'autres fois, enfin, pour activer l'incendie, les soldats allemands se servent de pastilles dont nous possédons des échantillons. L'analyse à laquelle nous avons fait procéder nous a révélé que ces pastilles sont fabriquées avec de la nitrocellulose gélatinée.

Le pillage, l'incendie, se font sur l'ordre de l'autorité supérieure. Une partie du butin, la plus importante, semble-t-il, est expédiée en Allemagne.

La Commission croit devoir, à ce propos, vous signaler une déposition intéressante.

La Supérieure d'un établissement religieux situé dans une localité rurale soumise au pillage, est venue déclarer qu'après le sac de la commune, un soldat allemand lui a remis une somme de 1 franc 8 centimes, lui disant que si le pillage lui était imposé il ne voulait pas en profiter, n'étant pas un voleur. Un sous-officier allemand l'a priée de remettre à Mlle V. D. une montre, une chaîne et un bracelet en or qu'il avait enlevés chez elle.

Il n'est dans les ravages dont la Belgique a été l'objet, qu'un seul motif : le désir de terroriser les populations, la volonté de se venger d'une résistance à laquelle l'Empire allemand ne pouvait s'attendre.

Le Secrétaire. — Le Président.

LES EXHUMATIONS DE LOUVAIN

Au moment des massacres de Louvain, un correspondant hollandais avait signalé que plusieurs personnes fusillées avaient été enterrées sur la place de la Gare, au terre-plein qui entoure la statue de Sylvain Van der Weyer.

La *Gazette de Cologne* publia aussitôt un démenti de l'autorité allemande à Bruxelles.

Des recherches faites à l'endroit indiqué ont fait découvrir les cadavres et le correspondant du journal hollandais le *Tijd* a assisté à l'exhumation, qui eut lieu en présence du professeur Nerinex, faisant fonctions de bourgmestre ; du docteur Maldague, professeur à l'université, du juge d'instruction Simons, du colonel allemand Lubbert, commandant militaire de Louvain, et de son aide de camp.

Le correspondant du *Tijd* en fait ce récit :

« Vingt corps furent exhumés après un travail épouvantable, vingt corps entassés dans un trou qui ne mesurait pas plus de quatre mètres carrés ! Il fallut prendre d'infinies précautions pour ne pas ramener des jambes ou des bras appartenant à d'autres corps, tant les membres étaient mêlés.

» L'émotion étreignait tout le monde. Même le colonel allemand Lubbert ne put s'empêcher de dire au bourgmestre : « Aboutir à un tel résultat, c'est incompréhensible lorsqu'on sait combien notre peuple est instruit, cultivé ! » Et l'aide de camp d'ajouter : « Je suis heureux de ne m'être pas trouvé à Louvain en ces moments tragiques. » Paroles qui ont leur prix et montrent bien que les honnêtes gens d'Allemagne regrettent à présent l'acte inqualifiable que les dirigeants ont ordonné, au mépris des lois de l'humanité la plus élémentaire.

» Le professeur Maldague, qui s'était trouvé parmi les pauvres prisonniers qu'on choisissait l'un après l'autre, froidement, pour les massacrer, et qui avait miraculeusement échappé à la mort, ne put maîtriser l'émotion profonde qui l'étreignait. En ce jour fatal, il était défendu au troupeau humain de regarder les cruautés commises par les soldats, mais une femme qui se trouvait à côté du professeur Maldague se risqua quand même et vit que les victimes choisies en expiation devaient se coucher à plat ventre sur les pavés. On les tuait alors d'un coup de feu dans la nuque, le dos ou la tête.

» La plupart des victimes gisaient donc le crâne fracassé, non seulement par suite de coups de feu, mais de coups de crosse ! Et cela ne suffisait pas. Tous les corps retrouvés — les rapports médicaux en font foi — ont été transpercés de coups de baïonnette. Certains avaient les bras et les jambes brisés. Seuls, deux corps ne portaient aucune blessure. Une autopsie sera faite afin de se rendre compte des causes de la mort.

» Mme Van Ertrijck reconnut ainsi, au bord de la fosse, son mari âgé de soixante ans, fabricant de cigares, et son fils âgé de vingt-sept ans, puis apparurent le corps d'un soldat belge qu'on n'a pu identifier, enfin celui d'un petit garçon qui n'avait pas quinze ans.

» Les victimes furent ensuite reconnues : Charles Munkemer, époux d'Amélie Marant, né en 1885 ; Edgard Bicquet, brasseur à Boort-Meerbeck, et dont la famille, connue de tout Louvain, habite rue de la Station ; le major pensionné belge Eickhorn, âgé de soixante ans (inventeur de cartouches pour le tir réduit) ; A. Van de Gaer, O. Candriès, Mme A. Bruyninckx, née Aug. Mariën ; Mme Perilleux, âgée de soixante ans environ.

» En remuant la terre, on découvrit une seconde tombe qui contenait sept autres cadavres, dissimulés sous trente centimètres de terre.

» Le lendemain, la funèbre besogne reprit. D'une toute petite fosse, on mit encore à jour deux cadavres : celui de Henri Decorte, ouvrier à Kessel-Loo, celui de M. Van Bladel, curé de Hérent. Pas un bruit quand on exhuma le grand corps de l'infortuné prêtre. Seul le R. P. Claes laissa tomber ces mots : « Le curé de Hérent. » Le pauvre homme était âgé de soixante et onze ans.

» *Gazette de Lausanne* du 4 février 1915. »

REIMS

COMMUNIQUÉS — RAPPORTS
RÉCITS

EXTRAITS DES COMMUNIQUÉS OFFICIELS
FRANÇAIS

L'ennemi a vainement essayé de prendre l'offensive contre Reims. (18 septembre.)

Les Allemands, qui, malgré des attaques d'une violence extrême, n'ont pu gagner le moindre terrain devant Reims, ont bombardé tout le jour la cathédrale. (20 septembre, 7 heures.)

Les Allemands se sont acharnés, sans raison militaire, à tirer sur la cathédrale de Reims, qui est en flammes. (20 septembre, 16 h. 15.)

NOTES ALLEMANDES

Paris, 21. On mande d'Amsterdam à Havas :

Un communiqué de l'état-major allemand explique ainsi la destruction de la cathédrale de Reims :

Nous avons progressé sur quelques points dans notre attaque contre les forces anglaises et françaises. Reims se trouve dans la zone du combat et les Français nous ont obligés à répondre à leur feu. Nous regrettons que la ville ait été endommagée. Des ordres avaient été donnés pour qu'on épargne autant que possible la cathédrale.

La presse allemande.

Berlin, 22. (Wolff.) Les journaux font remarquer que les dommages l'ont été par la faute des Français, qui avaient posté leurs canons aux abords de la cathédrale et avaient commencé le feu. Il va de soi, dès lors, que le feu de l'artillerie allemande devait être dirigé contre la cathédrale. Cela n'a pas besoin de justification.

Le *Berliner Lokal Anzeiger* relève que la ville de Reims, lorsque les troupes allemandes la traversèrent dans leur poussée vers la Marne, resta absolument indemne.

Les Français étaient libres de laisser la ville en dehors de la ligne de feu. Au surplus, certaines parties de la cathédrale seulement ont été endommagées.

Tribune de Lausanne, du 23 septembre.

PROTESTATION DE M. LANDRIEUX,
ARCHIPRÊTRE, VICAIRE GÉNÉRAL DE LA
CATHÉDRALE DE REIMS

On se rappelle que M. de Bethmann-Hollweg a adressé, le 30 octobre, au ministre de Prusse auprès du Saint-Siège, une note accusant l'état-major français de s'être servi de la cathédrale comme d'un poste d'observation.

M. Landrieux, archiprêtre, vicaire général de la cathédrale de Reims, a rétabli la vérité dans une protestation qu'il importe de reproduire tout au long :

« L'auteur de cette note a été induit en erreur par des informateurs ; et l'erreur est trop grosse de conséquences pour n'être pas relevée, étant donné surtout qu'on laisse entendre que la cathédrale déjà dévastée pourrait encore être maltraitée de ce chef.

» Témoin, heure par heure, de ce qui se passe dans mon église, je suis en mesure de rétablir les faits en parfaite connaissance de cause et j'ai le devoir de le faire.

» La note affirme que de nouveau, c'est-à-dire depuis l'incendie du 19 septembre, on a placé une batterie devant la cathédrale et installé sur une des tours un poste d'observation. Au nom de S. E. le cardinal-archevêque de Reims et au mien, j'atteste qu'à aucun moment il n'a été établi de batterie sur le parvis, ni de poste d'observation sur les tours, et qu'il n'y a jamais eu ni cantonnement, ni stationnement quelconque de troupes à proximité de la cathédrale. »

Berlin, 16 novembre.

(Wolff). Contrairement aux déclarations de M. Landrieux, archiprêtre et vicaire général de Reims, qui a affirmé que jamais une batterie n'avait été placée sur le parvis de la cathédrale, que jamais il n'y a eu de poste d'observation sur les tours et que jamais il n'y a eu de stationnement de troupes quelconques dans le voisinage de la cathédrale, l'agence Wolff est chargée de déclarer officiellement que la présence d'artillerie vers la cathédrale de Reims et un poste d'observation sur les tours ont été constatés à plusieurs reprises et que ces faits ne subsistent pas moins en dépit de toutes les dénégations intéressées.

LES JOURNÉES DU 4 SEPTEMBRE AU 12 OCTOBRE
A REIMS

M. le professeur J. Reverdin veut bien nous [1] communiquer les extraits suivants d'une lettre que lui adresse son ami, M. le D' Langlet, maire de Reims, dont il est absolument impossible de suspecter les affirmations. En autorisant son correspondant de Genève à donner son nom et sa qualité de maire, M. Langlet ajoutait : « Je crois, en effet, important de rectifier les assertions absolument fausses de nos ennemis ; on m'a communiqué, entre autres, un article d'un Bulletin envoyé aux commerçants suisses (Bureau des deutschen Handelslagers) qui fourmille d'erreurs de dates qui rendent leur argumentation inadmissible. La note que je vous ai envoyée y répond du reste par avance. »

Cette lettre est datée du 24 octobre.

. . . .

Pour revenir sur une question dont vous m'avez parlé dans votre lettre relative aux motifs du bombardement, il est impossible de prendre au sérieux l'affirmation qu'il y avait des batteries dans les environs de la cathédrale ou qu'elle ait servi sous une forme ou sous une autre de poste de défense. Jamais il n'y a eu de batteries dans la ville et

[1] Extrait du *Journal de Genève* du 19 novembre.

dans les environs de l'église qui puissent servir d'excuse à une agression aussi caractérisée.

Je crois d'ailleurs pouvoir vous donner une preuve du contraire.

Tout d'abord, il faut savoir qu'il y a eu plusieurs séances de bombardement, dans lesquelles la cathédrale a été particulièrement visée. La première avait lieu le 4 septembre, jour de l'entrée des Allemands à Reims. Nous étions dans mon cabinet en conversation avec un intendant du corps d'armée saxon, qui venait poser les bases d'une réquisition importante pour caution de l'exécution de laquelle elle exigeait le versement de la somme d'un million. La conversation, d'ailleurs courtoise, ponctuée de temps en temps, comme excuse de leurs exigences, d'un *C'est la guerre !* sans réplique, se continuait, quand éclata comme un coup de tonnerre le bruit de la première bombe tombant sur Reims

Je n'oublierai jamais la physionomie effarée, empreinte à la fois d'étonnement et de colère, de cet officier, qui venait de nous dire qu'ils n'étaient pas des barbares, mais un peuple de haute culture, et qui constatait lui-même que le premier attentat sur la cathédrale venait de l'armée allemande. Car c'était bien dès ce jour-là la cathédrale qui était, sinon atteinte, du moins visée, les bombes pleuvant à droite d'elle, à gauche, en avant, en arrière, démolissant déjà les vitraux sans valeur du rez-de-chaussée de ce monument.

Il y avait donc si peu à s'y tromper que l'officier général qui se trouvait là s'empressa d'envoyer aux batteries qui tiraient sur Reims et qui appartenaient à *un autre corps* un avis d'arrêter ce bombardement, et qu'il conseilla, qu'il pressa même la fabrication d'un drapeau blanc fait d'une perche et d'un drap destiné à être hissé au haut de la tour nord de notre basilique, où il flottait un quart d'heure après au moment où le tir cessait.

L'émotion calmée, les officiers présents conclurent à une erreur, *erreur qu'ils regrettaient profondément*, dont nous ne chercherons pas à expliquer la psychologie, mais où l'on pourrait peut-être entrevoir une espèce d'antagonisme ou plutôt de rivalité entre deux races, dont l'une a plus de prétention à la civilisation et se contentait de frapper à la caisse, et l'autre, plus brutale et plus rude, sans être peut-être moins avide, voulait frapper notre cité au cœur et l'atteindre dans sa gloire et dans sa beauté.

Huit jours durant, parmi les Allemands qui passèrent à Reims, nombreux furent ceux qui eurent l'occasion de manifester leurs sentiments d'admiration pour la cathédrale sans prévoir ce qu'elle deviendrait quinze jours plus tard.

Le 12 septembre, les Allemands quittaient Reims en hâte, mais en prenant la précautiou d'annoncer qu'il allait y avoir une grande bataille, qu'il fallait mettre dans la cathédrale les blessés nombreux, deux ou trois mille, qui allaient arriver, et, *sur leur réquisition et leurs soins*, on emplit de paille et de couvertures le sol des nefs pour servir de lits qu'allait protéger la Croix-Rouge placée sur les deux tours du monument. Et il n'y eut pas (ce jour-là) de bataille et il ne vint pas de blessés, et la Croix-Rouge et le drapeau blanc flottaient sur les tours quand les Français rentraient dans la ville.

Nos ennemis insistaient eux-mêmes sur le rôle protecteur que pouvait avoir pour la cathédrale elle-même sa transformation en hôpital. Il n'était pas question d'une forteresse ou d'un observatoire, mais d'un asile doublement sacré pour les malades.

Deux jours après, le bombardement de Reims commençait. Pendant trois quarts d'heure, l'Hôtel de Ville fut le point de mire de l'artillerie allemande, ainsi que le centre de la ville, mais la cathédrale ne parut pas souffrir d'une façon spéciale. Néanmoins on commençait à craindre pour elle.

Le 19 septembre, utilisant les installations faites à la demande des Allemands eux-mêmes, et les abritant sous le drapeau de la Croix-Rouge, le service français de santé fit placer dans la grande nef de la cathédrale les blessés allemands qui ne tenaient plus dans les hôpitaux trop pleins.

C'est vers trois heures de l'après-midi, au milieu d'un bombardement incessant, que s'allumèrent les échafaudages servant aux réparations du monument, puis d'autres foyers d'incendie dans la charpente, puis de multiples incendies dans les quartiers environnants. Le clergé de la cathédrale a pu compter sur les pierres elles-mêmes du monument plus de trente-cinq obus tombés et éclatés, sans compter ceux tombés dans la charpente. Et il ne faut pas croire qu'une fois la charpente écroulée, vers cinq heures et demie du soir, au milieu de sinistres lueurs, la rage du bombardemeut fût apaisée. Vue de loin et dans son ensemble, la silhouette presque intacte de toutes les parties où il n'y avait pas de bois conservait comme une couronne la galerie de pierre qui entourait la base du toit. Or, les jours suivants, les obus continuèrent à pleuvoir sur elle et le 12 octobre dernier une partie de ce monument de pierre s'écroula sous la chute de nouveaux obus.

Voilà, mon cher ami, des détails qui vous intéresseront peut-être. Du reste la démonstration n'est plus à faire, Arras après Reims vient de subir le même outrage.

LE DRAPEAU BLANC
SUR LES TOURS DE LA CATHÉDRALE [1]

Ayant appris que le drapeau blanc avait été hissé sur la tour
de la Cathédrale par M. L. Ronné, membre de la Compagnie des
Sauveteurs, et par M. l'abbé Louis Landrieux, vicaire de la Cathédrale, nous sommes allés demander à ce dernier de nous raconter
en détail sa dangereuse expédition :

Vendredi, vers neuf heures un quart, je passais place
Royale ; je rentrais chez moi, rue du Préau. Une première
détonation retentit.

« Les Allemands tirent à blanc, disait-on, pour célébrer
leur entrée à Reims. » D'autres affirmaient qu'on faisait
sauter les forts, etc., etc.

Les détonations éclatent de plus en plus rapprochées, un
sifflement sinistre sillonne dans l'espace. C'est un obus qui
passe en grondant. La foule s'enfuit. Tous courent se cacher
dans les caves pour échapper à la mort.

Les jours précédents, quand on parlait d'un combat sous
les murs de Reims et d'un bombardement possible, j'avais
pensé me réfugier dans la Cathédrale. Je courus chez moi,
rue du Préau, pour y prendre mes papiers. En un instant,
j'étais redescendu dans la rue. Les obus passaient dans le
ciel en sifflant. Je courus d'un trait, en rasant les murs,
jusqu'à l'angle de la rue du Préau et de la rue Robert-de-
Coucy. J'entendis passer la bombe qui éclata dans la
la maison de l'*Eclaireur de l'Est*, après avoir percé le
tableau d'affichage du journal. D'un bond, je traversai la
rue Robert-de-Coucy. J'étais arrivé à la Cathédrale.

Le refuge sous le Petit-Portail n'était plus sûr. Le pignon

[1] *Le Courrier de la Champagne* du 3 septembre.

de « l'Annonciation » qui surmonte la galerie des Prophètes, venait d'être écorné par des éclats d'obus. Des pierres tombaient sur la chaussée. J'entrai alors dans l'escalier de pierre qui prend sous l'horloge et qui conduit au grand orgue.

Déjà les verres des vitraux commençaient à pleuvoir. J'avais appelé dans mon refuge une femme et deux hommes, qui se cachaient derrière un pilier du transept. J'ignore leurs noms. Le chaisier de la Cathédrale, M. Humbert, vint nous rejoindre.

Nous nous tenions debout sur les marches de l'escalier, sans mot dire. Au dehors, le bombardement faisait rage. On entendait, par les créneaux de l'escalier, le sifflement des projectiles. A l'oreille, nous nous rendions parfaitement compte du trajet suivi par les obus. « En voilà encore un, disait de temps en temps le chaisier, qui n'est pas pour ici. »

Une explosion formidable retentit. L'escalier, où nous sommes à l'abri, est rempli d'une fumée âcre qui nous prend à la gorge. On ne se voit plus à cause de la poussière. Une violente poussée d'air, qui descend l'escalier comme un ouragan, nous jette tous à terre, à genoux ou assis, sur les marches de pierre, pendant que la porte de l'escalier claque contre la paroi du mur. C'est la bombe qui vient de tomber, à quelques mètres de là, au milieu de la rue Robert-de-Coucy, qui cause tout ce fracas.

M. le Curé de la Cathédrale vient d'entrer dans l'église par le grand portail. Sous les obus, il était venu de la rue Ponsardin pour être dans son église et pourvoir à la sécurité du Saint-Sacrement.

A cause de la fumée et de la poussière, nous ne le vîmes pas passer. Il se réfugia à la Réserve, auprès du Saint-Sacrement.

A ce moment, le coup d'œil dans la Cathédrale était sinistre. L'église était pleine de fumée. La poussière montait
jusqu'aux voûtes en tourbillons opaques, comme il arrive
à certains jours d'orage, sur les grandes routes et dans la
campagne.

On entendait les éclats d'obus frapper les murailles.
Quelques barres d'appui des vitraux (des barres de fer larges
de trois centimètres), volèrent même en éclats et allèrent
rebondir sur le pavé de marbre jusqu'au milieu du chœur.
Nous entendions le bruit de ces éclats de fer tombant sur
les dalles. Nous crûmes tous à ce moment que la bombe
était entrée par la grande rosace et qu'elle venait d'éclater
au milieu de la grande nef.

D'un bout de l'édifice à l'autre, le bruit des explosions se
répercutait, en allant et en revenant, amplifié par les puis-
santes sonorités du vaisseau. Je crois bien que tous ceux
qui ont entendu ce bruit de tempête dans la Cathédrale ne
l'oublieront jamais.

Dans un intervalle de silence, nous entendîmes la porte
du petit portail qui s'ouvrait. Un homme conduisant de la
main une bicyclette entrait effaré. Nous l'appelâmes pour
qu'il vînt se réfugier auprès de nous dans l'escalier. C'était
un membre de la Compagnie des Sauveteurs, M. L. Ronné.

« J'arrive de l'Hôtel de Ville. Voici le drapeau blanc. Il
faut le hisser sur la tour de la Cathédrale, pour que le feu
cesse. Mais je ne sais pas trop où est la porte de la tour. Je
n'ai pas la clef. Comment faire?

» — Je vais vous conduire. »

Et nous voilà partis. La canonnade faisait rage. Les
verres des vitraux continuaient à s'écraser sur les dalles de
la basse nef.

En un instant la porte de la tour est atteinte et ouverte.

Nous nous engageons dans l'escalier. Nous grimpons à perdre haleine, jusqu'à la plate-forme en ciment armé qui est au-dessus de la grande rosace.

Là se trouve la porte de l'escalier à jour qui conduit au sommet de la tour. Cette porte est fermée. Nous n'avons pas la clef. Nous unissons nos efforts pour soulever la porte hors de ses gonds. Le passage enfin est ouvert. Nous arrivons au sommet, et tout émus nous brandissons le drapeau blanc, qui a été improvisé avec l'un des draps de lit qui a servi à coucher l'un des officiers allemands arrivés la veille.

Pendant la montée, surtout dans l'escalier à jour, le spectacle était unique. Des flots de fumée et de poussière marquaient les endroits touchés. Deux obus tombèrent alors sur la maison de M. Clignet, rue du Trésor. On voyait les flammes jaillir de la maison de M. Jules Matot, au coin de la rue de la Salle et de la place du Palais-de-Justice. Un tourbillon de fumée marquait un commencement d'incendie dans un pâté d'usines, du côté de la rue Houzeau-Muiron.

Enfin, l'ouragan de fer et de feu s'arrêta. Un aéroplane allemand vint planer un instant au-dessus de la tour de la Cathédrale, fit volte-face et repartit à toute vitesse.

La Cathédrale n'avait pas été touchée directement. Mais que de ruines amoncelées en trois quarts d'heure autour d'elle, place du Parvis et rue Robert-de-Coucy !

Les vitraux blancs de la basse-nef sont en miettes ; les vitraux anciens de la grande nef sont percés de mille trous. La rosace inférieure du grand portail est abîmée. Les vitraux qui ornent la galerie placée au-dessous de la grande rosace ont été disloqués par la poussée de l'air, quelques-uns même sont brisés. Certaines parties de la toiture, surtout les parties couvertes en ardoises, sont criblées de projectiles. Enfin, plusieurs contreforts ont été éraflés par des éclats d'obus. »

LA VÉRITÉ SUR L'INCENDIE DE LA CATHÉDRALE [1]

L'incendie de la cathédrale de Reims est autre chose qu'un simple incident de guerre. C'est un événement de premier plan qui a eu sa répercussion en colère et en indignation dans le monde entier et dont il importe de conserver la physionomie exacte.

Or les récits trop précipités et mal documentés de la Presse sont forcément incomplets et quelquefois fantaisistes ; ils ne concordent pas toujours et souvent se contredisent.

Comme il n'y avait dans la cathédrale, au moment du désastre, d'autres témoins avec les Allemands, que le curé et deux de ses vicaires, nous avons demandé à M. l'abbé Landrieux, vicaire général, archiprêtre, des précisions dont voici le résumé :

— Où étiez-vous quand la catastrophe est arrivée ?

— Dans la cathédrale. Je ne l'ai guère quittée que la nuit, pendant toute cette semaine.

Le samedi, à huit heures, j'ai dit la dernière messe ; le bombardement commençait. La cathédrale a été, non pas l'unique, mais un des principaux points de mire des canons allemands, ce jour-là comme la veille. Et cependant, vendredi matin, dès que nous vîmes l'église menacée, nous avons arboré deux drapeaux de la Croix-Rouge sur les tours. Ils y sont encore.

* * *

— Les Prussiens avaient-ils mis des blessés dans la cathédrale ?

— Ils n'ont pas eu le temps. Ils n'y ont mis que la paille. C'est l'autorité militaire française qui nous a envoyé des

[1] *Le Courrier de la Champagne*, lundi, 5 octobre 1914.

blessés allemands, dans l'intention de préserver le monument.

— Que s'est-il passé dans cette matinée du samedi 19 ?

— Pour la troisième fois, nous avons dû opérer le laborieux et douloureux transbordement des blessés dans l'escalier de la tour des cloches ; car l'avant-veille un gendarme français et deux blessés allemands avaient été tués par des blocs de pierre qui tombaient des fenêtres éventrées.

Nous nous sommes retirés ensuite près du Saint-Sacrement, dans « la réserve », comptant toutes les bombes qui s'acharnaient à la destruction de l'édifice. Les ravages de la veille avaient été considérables ; le samedi, ce fut pire encore.

— Vous êtes-vous rendu compte de l'incendie dès le début ?

— De temps en temps, nous sortions pour voir où avaient porté ces coups formidables qui ébranlaient l'édifice. Vers deux heures, nous avons remarqué un peu de fumée dans les échafaudages du grand portail. Mais, comme le vent ramenait jusque-là la fumée de l'incendie qui venait de se déclarer au Poste des Pompiers, rue Tronsson-Ducoudray, nous fûmes rassurés.

Cependant nous sommes revenus une demi-heure après pour examiner de plus près, et cette fois, il n'y avait plus à douter, l'échafaudage s'enflammait, à mi-hauteur environ.

En temps ordinaire, les pompiers, dont le dévouement, en ces jours sinistres, a été admirable, auraient eu vite raison de ce commencement d'incendie, mais il n'y avait alors ni pompes, ni hommes et l'eau manquait, car le centre de la ville était en feu.

Dans l'espoir que peut-être nous y pourrions quelque chose, nous avons voulu monter, M. l'abbé Thinot et moi ;

un soldat nous accompagnait. Trois étages au moins flambaient par le milieu ; trois brasiers superposés qui avaient dû s'allumer vraisemblablement de haut en bas. Nous avons essayé d'arracher ces lourds madriers, mais sans y réussir. Nous avons appelé, sans nous faire entendre, dans ces rues désertes.

Je pensais que l'échafaudage brûlé s'effondrerait et que tout se bornerait là. Si la cathédrale n'avait pas été remplie de paille, je n'aurais pas redouté une catastrophe. Mais il suffisait d'une étincelle.

Nous redescendîmes alors pour conjurer, s'il était possible, l'embrasement de la paille. Les vitraux sûrement allaient éclater et les blessés brûleraient avec la paille.

On se mit à la besogne pour rejeter la paille dehors, dans le chantier. Les Allemands qui pouvaient se tenir debout nous y aidèrent. Chaque flammèche fut surveillée, saisie au vol, étouffée sur place. Mais bientôt l'échafaudage s'écroula avec fracas sur le parvis ; la moitié de la grande rosace éclata, et, en face du danger imminent, il fallut songer au sauvetage des blessés.

M. l'abbé Landrieux, qui parle allemand, dirigea cette lugubre mobilisation. Ce fut un spectable lamentable. Talonnés par la peur, à cloche-pied, à quatre pattes, en gémissant, les malheureux se hâtaient vers le transept nord. On porta les uns ; on traîna les autres...

Une fois les hommes hors du champ de paille, et, sans juger encore la cathédrale menacée, je crus prudent de mettre le Saint-Sacrement à l'abri. Sans rien dire, je l'emportai chez les religieuses de l'Adoration Réparatrice, d'où une demi-heure plus tard il fallut l'enlever, parce que le couvent brûlait.

A peine rentré dans la cathédrale, je vis tout à coup

avec stupeur des lueurs d'incendie à l'abside. J'eus l'impression que le feu avait pris dans les combles et que tout était perdu. C'est alors que je criai à M. Landrieux et à M. Thinot : « Sauvons le Trésor ! »

Pendant que l'on forçait les portes des armoires, je courus dehors pour trouver des bras. Quelques braves ouvriers, dont je voudrais pouvoir dire les noms, répondirent à mon appel, et tout le Trésor fut rapidement mis en lieu sûr...

Déjà, dans les nefs, le plomb fondu des toits, qui filtrait à travers les fissures des voûtes, tombait en pluie fine sur les dalles. Au dehors, il rejaillissait en menue poussière sur les pierres des contreforts et des galeries inférieures ; et ces éclaboussures brûlantes, mêlées aux flammèches qui volaient partout en tourbillons, nous picotaient la figure et les mains, pendant que nous traversions la cour d'arrière avec nos précieux fardeaux.

J'estime qu'entre notre ascension dans les échafaudages et le moment où la charpente prit feu dans les combles, pendant que la paille flambait en bas, il ne s'est pas passé plus d'une heure.

* * *

— Vous croyez donc qu'il y eut plusieurs foyers d'incendie ?

— Cela me paraît évident. D'abord parce qu'il est bien difficile d'admettre que le feu des échafaudages du portail ait pu embraser si vite et si simultanément toute la charpente jusqu'à l'abside ; car, si je ne me trompe, c'est le clocher à l'angle qui s'est effondré le premier.

D'ailleurs, deux témoins qui observaient l'incendie, de points différents, avec une forte lunette, ont affirmé avoir vu tomber deux nouvelles bombes sur les plombs de l'abside et du transept, pendant que les échafaudages brûlaient.

Enfin, nous avons une preuve irrécusable : Des photographies prises pendant l'incendie attestent le fait avec la brutalité du document.

Voilà, autant que j'ai pu en juger, l'origine et les phases de la catastrophe. Ce fut une heure d'inexprimable angoisse où la colère et l'indignation nous étreignaient le cœur.

Je ne saurais trop dire combien M. l'abbé Landrieux et M. l'abbé Thinot, qui se trouvaient avec moi dans la cathédrale, m'ont aidé dans cette douloureuse et inoubliable journée.

PROCÈS-VERBAL
DE L'ÉTAT DE LA CATHÉDRALE DE REIMS [1],

dressé par le maire de Reims
et l'architecte local des monuments historiques
(après le premier bombardement).

Partout, ici, des décombres qui fument, une odeur de feu noyé qui s'éteint. Le quartier des laines est détruit, l'intérieur du théâtre brûle encore. De la place Royale et de la rue Colbert, dont la noble et sévère ordonnance remonte à Louis XV, il ne reste plus que des pans de murs. A l'hôtel de ville, dont la pierre a pris avec le temps des tons roux et chauds de vieil or, les vitres ont volé en éclats, et la façade est criblée de taches blanchâtres, qui produisent l'effet d'écorchures. Hôpitaux et casernes, usines et musées, veufs de toits, sont hachés de trous, mais ce lamentable spectacle me laisse froid. Ces dommages sont de ceux qui se réparent : c'est l'irréparable que je veux voir, et l'irréparable est ailleurs.

Qu'est devenu le merveilleux édifice que le génie d'un

[1] *Le Temps*, 27 septembre 1914.

maître d'œuvre inconnu a créé, il y a sept siècles et plus, et dont le plan était si parfait, les proportions si harmonieusement élégantes et si nobles, qu'en dépit des deux siècles employés à la construction et à l'embellissement de la merveille, aucun des successeurs du premier architecte n'a osé se substituer à lui et dénaturer ou modifier sa pensée?

Qu'est devenu le triple portail, orfévré comme les parois d'un reliquaire, où les imagiers du quatorzième siècle ont taillé, en statuettes isolées ou en groupes, sur les pieds-droits des murailles et dans la voussure profonde des ogives, sur le linteau des portes ou dans l'encadrement triangulaire des frontons, des centaines et des centaines de figures attachantes comme les chefs-d'œuvre de l'art grec, et d'une beauté et d'une grâce émouvante? Qu'est devenue la grande rose du centre, où d'éblouissantes verrières s'enchâssaient? Qu'est devenue la galerie des Rois, avec son *Baptême de Clovis?*

Que sont devenues les tours octogonales, si sveltes, et les tourelles ajourées qui les flanquent? Les transepts du Midi et du Nord, avec leurs galeries peuplées de figures de saints ou de prophètes, avec leurs porches et leurs gâbles historiés? Qu'est-il advenu enfin de la nef et de ses croisées d'ogives supportées par d'admirables piliers aux chapiteaux si élégamment refouillés, contre-butées au dehors par de nerveux arcs-boutants reliés à de puissants contreforts surmontés de statues et de pinacles?

De tout cela, maintenant, que reste-t-il?

Et j'arrive sur la place du Parvis, encombrée de poutres grésillantes. Ce sont les débris de l'échafaudage qui se dressait, il y a quelques jours encore, le long de la tour de gauche, et qui a flambé pendant le bombardement.

Les trois porches, devant moi, sont béants. Celui de .

gauche, sur lequel l'incendie a fait rage, a été porté au
rouge par le feu et totalement grillé. Sur les surfaces nues
des deux étages inférieurs de la tour, sur les guirlandes de
statues des voussures, sur les saints et les saintes des pieds-
droits, sur les sept personnages du *Crucifiement* dont le
triangle du fronton se décore, les flammes ont soulevé
partout des écailles, comme sur des briques mal cuites, et
ces écailles, se détachant une à une, tombent sur le parvis
en imperceptibles poussières ou en menus fragments char-
bonneux. Il ne reste déjà plus, de certaines, que d'informes
moignons, et ces admirables figures, respectées par le temps,
épargnées par les iconoclastes de la Révolution qui partout,
en Champagne, eurent la main si lourde, mourront toutes.
Avant trois mois, il n'en subsistera plus une seule, et
l'œuvre des Vandales sera complète.

De ce que le portail de gauche soit le seul entièrement
calciné, il n'en faut pas conclure que le portail central soit
intact. Toute sa partie gauche est atteinte, et bon nombre
déjà de ses figures sont rongées de la même lèpre que celles
du porche calciné. Elles ont été frisées pendant de si longues
heures par la flamme qu'elles ne résisteront ni aux pluies
persistantes de l'automne, ni aux alternatives si terribles
pour les pierres dont un accident a épidermé la surface, du
gel et du dégel. Le fronton du *Couronnement de la Vierge*
est perdu comme celui du *Crucifiement*, et le brasier l'a
entamé à l'arrière plus encore qu'à l'avant. Le réseau de
pierre dont la grande rose est formée ne semble pas, du
parvis, avoir subi de grands dommages, bien que ses vitraux
aient volé en éclats, comme ceux de l'abside et de la nef,
mais je me suis malheureusement assuré, en pénétrant dans
l'église et en passant par l'étroite galerie qui sépare la
rosace du fronton, que les nervures de celle-là sont rom-

pues et qu'elles ne tarderont pas plus à se déliter ou à tomber en morceaux que les statues grillées du portail.

On sauvera, par contre, la plus grande partie des sculptures du portail de droite. Comme celles du porche central, elles n'ont subi que des retours de flammes, mais la fumée les a passées au noir ou plombées.

A voir encore debout les deux tours et tout autour de l'édifice la balustrade, d'un si beau modèle et si riche, qui couronne les murailles de l'abside et de la nef, on ne se rend compte qu'imparfaitement du désastre. Pour le mesurer dans toute son étendue, il faut monter jusqu'à l'étage des combles, et plus haut encore, à l'avant-dernier étage des tours. Là seulement, quand on trouve, dans le beffroi, des cloches entièrement liquéfiées, ou aplaties comme des crinolines dont la cage serait rompue, on apprécie la formidable puissance du brasier qui a dévoré l'édifice. A partir du moment où les portes de bois du portail et des deux clochers ont été consumées, l'activité du feu a redoublé, grâce au gigantesque appel d'air que l'escalier des tours a créé. Ainsi s'explique qu'il ne reste plus aucune trace de la charpente des combles, vieille de quatre cents ans, et demeurée intacte jusqu'ici, charpente formée de poutres longues de douze mètres, et d'une épaisseur de quarante à cinquante centimètres. Quand aux grosses lames de plomb dont se revêtait la toiture, elles se sont volatilisées. Du haut des tours, on n'en distingue pas la moindre parcelle, pas plus d'ailleurs qu'on ne retrouve le moindre vestige du campanile, haut de dix-huit mètres, en charpente et en plomb, qui s'élevait au croisement des transepts et de l'abside, et qui renfermait un si joli carillon.

A ce brasier, dont les flammes, pendant dix-huit heures, se sont déchaînées sur les combles, les voûtes ont résisté par miracle. Dans quel état sont-elles ? Dieu le sait, mais il est inévitable qu'elles croulent si la guerre se prolonge et si les pluies d'automne s'y infiltrent.

Quant à la nef, elle n'a pas souffert, semble-t-il, de l'incendie qui s'y est allumé. Les milliers de bottes de paille que le prince Auguste-Guillaume, troisième fils de l'empereur, y avait fait amonceler pour servir à d'innombrables blessés de sa race, ont pris feu au contact des flammèches que le vent avait apportées de l'extérieur, et ces milliers de bottes de paille ont flambé, en même temps que les tambours des portes, ornés de merveilleuses boiseries Louis XIV ; mais la flamme n'a laissé à l'intérieur d'autres traces que de rares charbons, seuls restes qui subsistent de la chaire et des confessionnaux.

Tel est le procès-verbal qu'en compagnie du docteur Langlet, maire de Reims, et de M. Margottin, architecte local des monuments historiques, j'ai dressé, du sacrilège commis par les Allemands, qui huit jours auparavant, par la bouche du fils de l'empereur, déclaraient à la municipalité : « La meilleure preuve que je puisse vous donner de mon désir de préserver l'édifice, c'est que je tiens à y faire installer mes blessés. Le détruire est un crime que je ne veux pour rien au monde commettre. »

Thiébault-Sisson.

RAPPORT DE M. WHITNEY WARREN

membre de l'Institut.

Lu dans la séance du 3 octobre 1914.

Messieurs,

Nous arrivâmes à Reims le vendredi 25 septembre à quatre heures et demie de l'après-midi, et nous rendîmes directement à la cathédrale, où je restai jusqu'à la nuit, visitant le monument, tout en conversant avec le curé Landrieux et l'abbé Thinot, entre les mains desquels la garde de la cathédrale était restée depuis le début.

Le jour suivant, je me rendis à la cathédrale, où je restai depuis sept heures et demie du matin jusqu'à quatre heures et demie du soir, visitant le monument dans ses moindres recoins, essayant de me rendre compte de l'étendue des dommages causés, soit intentionnellement ou non. Je donne ci-après les diverses phases du bombardement, autant que j'ai pu les reconstituer.

Le 4 septembre, lorsque les Allemands ont fait leur première entrée dans Reims, il y a eu un premier bombardement de leurs batteries, considéré par les Allemands eux-mêmes comme une erreur, ou le résultat de la jalousie d'un corps d'armée moins favorisé. Quatre bombes tombèrent sur la cathédrale, dont l'une sur le transept nord, mais ne firent que peu de dégâts.

Le 14 et le 15 septembre, quand les Allemands eurent évacué la ville et que les Français y firent leur entrée, le bombardement recommença, mais la cathédrale ne fut pas touchée.

Le 17, le monument fut atteint par deux projectiles : l'un tomba sur l'abside, l'autre sur le transept nord.

Le 18, la cathédrale fut à nouveau touchée, sur les arcs-boutants de la façade sud et sur le toit, et il y eut un gendarme et plusieurs blessés allemands tués.

Le 19, la cathédrale fut criblée de projectiles pendant toute la journée, et, à quatre heures moins le quart, l'échafaudage qui entourait la tour nord prit feu. Cet incendie dura environ une heure, au cours de laquelle deux nouvelles bombes atteignirent le toit, qui prit feu à son tour. Le curé est convaincu que l'une de ces bombes était une bombe incendiaire, car il ne peut expliquer autrement la rapidité extraordinaire avec laquelle le feu s'est propagé parmi la charpente en bois de la toiture.

L'incendie de l'échafaudage se propagea jusqu'à la porte nord de la façade principale, cette porte prit feu rapidement, et une fois qu'elle fut consumée, l'incendie se communiqua à la paille qui couvrait le sol de la cathédrale. Cette paille avait été réquisitionnée le 12 par le commandant des troupes allemandes dans le but de préparer la cathédrale pour la réception de trois mille blessés, mais l'évacuation de la ville par les Allemands rendit ces préparatifs inutiles. Lors de la réoccupation de la ville par les Français, la paille fut rassemblée pour être transportée ailleurs, mais le 17, sur les ordres du général commandant les troupes françaises, la paille fut à nouveau étendue sur le sol. On y coucha les blessés allemands, et l'on hissa le drapeau de la Croix-Rouge sur la tour Nord, espérant que ces mesures pourraient sauver la cathédrale.

Comme je l'ai dit plus haut, le 19, le feu, qui avait pris dans les échafaudages, avait, après avoir détruit les portes, gagné la paille couvrant le sol, détruisant au passage les tambours ou vestibules intérieurs des dites portes, et calcinant également les merveilleuses sculptures en pierre décorant la totalité du mur situé à l'Ouest. Ces sculptures étaient spéciales à Reims, étant en haut et plein relief. Cette destructiion est une de celles qui resteront irréparables.

Les vitraux de la nef ont été complètement détruits, ceux de l'abside existent encore, bien que grandement endommagés.

L'incendie a calciné à l'extérieur la plus grande partie

de la façade et des sculptures qui la décoraient, la tour du Nord et le haut de la nef dans son entier avec les arcs-boutants et les tourelles qui les surplombaient. La pierre, tout au moins en surface, est endommagée d'une façon irréparable : partout où les flammes ont passé la surface se détache sous le doigt et conséquemment tous les motifs décoratifs sont absolument perdus.

Le trésor fut sauvé au commencement de l'incendie par les prêtres, et les tapisseries si renommées avaient déjà été enlevées précédemment. La moitié des stalles ont été détruites; l'orgue est intact et plusieurs crucifix et tableaux dans l'abside n'ont pas été touchés.

S'il reste quelque chose du monument, cela est dû à la construction solide de ce que j'appellerai la carcasse de la cathédrale, et non, j'en suis fermement convaincu, à un désir de la part des Allemands d'épargner le monument. Les murs et les voûtes sont d'une solidité qui défie même les engins modernes de destruction, car le 24, lorsque le bombardement fut repris, trois bombes tombèrent sur la cathédrale, mais les voûtes résistèrent merveilleusement et ne furent pas perforées.

Si la cathédrale d'Amiens avait subi le même sort, les voûtes auraient sans aucun doute cédé par suite de la légèreté de leur construction, les arcs-boutants se seraient écroulés entraînant la destruction des murailles et il ne serait resté qu'une masse de pierres informes, à l'exception peut-être des ruines des tours. Si donc il reste quelque chose de la cathédrale de Reims, je considère que cela est dû uniquement à la solidité de la construction et non au désir de l'ennemi de sauver le monument d'une destruction totale, qui était voulue. La cathédrale domine le reste de la ville ; et il aurait été facile d'en éviter la destruction, étant donnée l'inutilité de semblable mesure contre un monument servant en outre d'hôpital. Le quartier qui se trouve entre la cathédrale et le front ennemi est détruit, y compris le palais épiscopal, qui renfermait le musée archéologique, la chapelle épiscopale et ce qui était connu sous le nom d'appartements des Rois. Dans ce quartier détruit se trouvaient les principales maisons de commerce.

La seule explication que l'on puisse donner de cette profanation est une rage de destruction qui semble avoir frappé une partie de l'armée assiégeante.

Il y a encore au monde deux monuments d'une importance presque aussi grande qui courent le risque de subir un sort semblable : ce sont les cathédrales de Noyon et de Laon. Espérons cependant qu'elles seront respectées, malgré l'attentat misérable qui a mis le glorieux monument de Reims en ruines.

Le vendredi 25 septembre, les Allemands ont en outre bombardé l'abbaye de Saint-Remi à Reims, une bombe explosant à l'intérieur et détruisant une grande quantité de vitraux. L'hôpital civil, qui occupe le cloître de Saint-Remi, reçut pour sa part neuf bombes, dont l'une tua quatre malades dans leurs lits, et une autre l'un des infirmiers. Il est inutile de faire remarquer que ce bâtiment était également protégé par le drapeau de la Croix-Rouge.

Le dimanche 27, j'ai passé environ deux heures au sommet de la tour Nord de la cathédrale, derrière les parapets et j'ai assisté là au bombardement des troupes françaises qui se trouvaient aux alentours de la ville à environ deux kilomètres de mon point d'observation. Il était intéressant de voir avec quelle précision les obus allemands arrivaient par groupe de six à des intervalles d'environ trois à cinq minutes. Les troupes françaises étaient admirablement cachées ; il était presque impossible de les découvrir, leurs canons étant dissimulés sous de la paille ou des feuilles de betterave suivant la nature du terrain où ils se trouvaient et ne projetant aucune fumée, et cependant les Allemands semblaient avoir répéré exactement l'endroit où ils se trouvaient, continuant un bombardement ininterrompu, tous leurs projectiles tombant l'un après l'autre dans les mêmes parages, sans, m'a-t-il semblé, aucune déviation apparente, ce qui m'a confirmé que la destruction de la cathédrale était absolument préméditée et voulue.

Si la partie commerciale de la ville est entièrement détruite, dans d'autres endroits on trouve aussi de grands dégâts, produits par des projectiles perdus. Et cela ne fait qu'ajouter à l'impression de destruction inutile. Le curé de la cathédrale m'a raconté que, pendant leur occupation, les Allemands avaient établi au sommet de la tour Nord un poste d'observation muni d'un projecteur électrique, qu'ils emportèrent avec eux. Pendant les premiers jours de la réoccupation de la ville, quelques officiers français montèrent parfois au haut de la tour pour examiner les environs, mais le curé s'y opposa fortement et ils s'abstinrent par la suite. Pendant les deux jours que j'ai passés à Reims, personne autre que moi n'est monté sur la plate-forme de la tour.

REIMS

(Lettre de France.)

Le 8 novembre.

Je l'ai vue !... car c'est à elle que d'abord mon esprit me ramène, devant elle qu'il me replace toujours, elle dont il me faut recommencer le tour, et je pense qu'on comprend que c'est de la cathédrale que je veux parler ; mais il faut pourtant raconter par ordre.

* * *

D'abord l'entrée dans la ville ; et il convient de dire que pour entrer dans la ville on descend, du moins du côté de l'est ; de l'autre aussi, si j'ai bien vu. En sorte que la ville est dans une sorte de cuvette plate.

C'est d'abord un quartier populaire que je vois, très plein de monde ; une foule ouvrière, qui est désœuvrée, ce qui fait qu'elle est beaucoup dans la rue. L'animation d'un faubourg de Paris ; un marché, des échopes, une longue rue commerçante dont les trottoirs sont noirs de monde ; mais quoi de lugubre sur cette foule ? Quelles figures hâves de décavés, de gens sortant des caves ; je ne l'oublierai jamais !

Puis à mesure qu'elles deviennent plus riches, les rues deviennent aussi plus vides. Voici une grande place allongée qui est complètement solitaire ; c'est la place de la gare. Derrière des grilles fermées un long bâtiment dont le toit est percé à jour de mille trous, et la couverture de verre des voies également criblée de trous comme par une grosse grêle. Il fallait qu'elle fût forte cette grêle, car les maisons d'en face ont leurs façades mouchetées de blanc et toutes leurs vitres cassées. L'impression d'un terrible phénomène de la nature. C'est il y a trois jours que cela est arrivé.

Et j'entre maintenant dans les beaux quartiers de la ville. Ils sont très beaux, une ville riche et neuve, de ce côté-là, des maisons élégantes dans des jardins ; — tout à coup j'en vois une qui a un angle emporté, puis une autre qui a un trou d'un mètre de diamètre dans sa façade, puis une autre qui a un coin de toit abattu. Et cela continue ainsi. On a placé quelques planches ou tendu une bâche sur la blessure. Je suis plutôt étonné par le peu d'effet des obus.

Voici pourtant des maisons, moins solides sans doute, qui se sont en partie effondrées ; ces rues sout bordées de tas de débris, pierres et plâtres, comme devant une maison en construction ; mais ce sont des maisons en destruction ! On voit très bien les points où les obus sont tombés sur le pavé et d'où ils ont rejailli en gerbe, faisant ces mouchetures blanches sur les façades grises, des éraflures de deux doigts peut-être de profondeur dans la pierre ; çà doit taper dur !

Mais ce sont là des blessures franches ; les murs montrent une cassure vive, en quelque sorte la chair saine ; c'est beau, c'est héroïque ; ce n'est pas triste.

* * *

Mais l'aspect change soudain ; j'approche du centre de la ville ; belles rues anciennes formées de maisons d'architecture régulière, et en voici une qui montre des murs sans toit, des fenêtres vides, noircies ; c'est une maison brûlée. Elles se suivent maintenant ; c'est une file entière, une rue, un quartier où il ne reste que les murs noirs, un tas de débris au milieu et le ciel dans les fenêtres. Et c'est le plus noble quartier de l'antique cité ; voici l'admirable place Royale avec sa belle architecture uniforme ; deux de ses côtés sont brûlés.

Cela, ce n'est plus beau, c'est noir, gangrené, lamentable.

Puis pourquoi ? Pourquoi ce beau quartier au centre d'une grande ville ? On ne comprend pas.

Le désastre ici est très grand ; il faudrait s'arrêter pour le mesurer ; mais je cherche autre chose ; sans même voir ses tours, de ces rues étroites, je sens que je suis près de la cathédrale ; je tourne et retourne entre les ruines ; brusquement à un tournant de rue je suis devant elle.

Devant sa façade, droit devant sa façade !...

* * *

J'ai besoin de dire ici une chose, dans quelles dispositions j'étais à ce moment. J'avais vu déjà ailleurs, les jours précédents, bien des ruines ; j'étais pénétré du caractère terrible de la guerre, de ses nécessités terribles ; d'autre part, je venais de m'avancer, le jour même, jusque très près du champ de bataille, et j'en remportais cette espèce d'indifférence blasée qu'il donne pour tout le reste ; j'avais fait encore de longues heures d'automobile sous un ciel monotone. Voilà dans quelles dispositions j'étais. Il faut bien tenir compte de ces petites choses, puisqu'elles influent sur nos impresions. Je le dis : j'étais fait à l'épreuve, j'étais blasé et un peu fatigué, peu disposé à m'exagérer les choses : j'ai été frappé d'une stupeur incomparable !

Pendant un long moment je suis resté là, stupide.

Ça dépassait tellement ce que j'attendais !

J'avais vu des photographies ; elles ne donnent aucune idée de la réalité.

Elles ne donnent aucune idée de la réalité, surtout parce qu'elles ne font pas voir la couleur.

Voici ce qu'il faut se représenter : d'abord des parties grises, du ton naturel de la pierre, qui est d'un gris doux, très joli ; puis des parties — les trois portails, le devant de la nef — noires ! Noires comme la suie, à cause sans doute de la fumée de la paille qui est sortie par ces énormes soupiraux, aspirée par eux. Les trois immenses portails avec leurs voussures profondes, et les trous béants des verrières, des roses, dans lesquelles se tordent quelques fers — noirs ! Et alors la tour de gauche — c'est cela qui est le plus terrible — toute la tour de gauche jusqu'aux trois quarts de sa hauteur, rouge ! J'ai vu une fois une cheminée

qui avait brûlé ; c'est cela : une gigantesque cheminée qui
a brûlé et qui est restée calcinée, rouge !

Ce qui a fait cela c'est ce malheureux échafaudage. Il a
dû brûler sans aucune fumée, dans une seule flamme claire,
formidable ; il n'y a pas une trace de noir sur tout ce côté-
là ; la pierre est calcinée au vif, grillée comme dans un
chaufour, sur toute cette tour de gauche et le côté qui la
suit.

Ce côté aussi — car je fais maintenant le tour — a souffert ;
moins pourtant ; les verrières sont comme des passoires,
mais la pierre est à peu près intacte. C'est là, de côté, qu'on
voit que le toit manque ; comme on n'aperçoit pas la voûte,
plus basse. les murs hérissés de leurs pignons qui se décou-
pent sur le ciel donnent l'affreuse impression d'être vides. Le
chœur semble n'avoir pas été touché. L'autre flanc est atteint
de nouveau, gravement, séparé seulement comme il est par
une rue et une sorte d'étroit jardin de l'archevêché dont il
ne reste rien que les murs. Ruine déplorable, avec toutes
les richesses qu'il contenait ! Mais je reviens encore devant
la façade ; je ne peux pas m'en détacher et réaliser le spectacle qu'elle offre.

Devant, on a hâtivement élevé une clôture de planches, à
claire-voie, qui enferme les débris ; par-dessus, à travers le
grand portail sans porte et qui semble une bouche de four,
on aperçoit les vitraux bleus et sombrement magnifiques
du chœur, qui ont, hélas ! eux aussi, quoique les moins
endommagés, bien des trous de lumière — comme une
belle tenture percée de part en part, rongée aux mites,
déchiquetée.

De beaucoup évidemment c'est l'incendie qui a causé le
plus de mal. Le choc des obus, on reste surpris du peu
d'effet qu'ils ont eu ; c'est comme si on avait tiré du canon

contre un rocher, tellement cette église est bâtie solidement
dans sa légéreté. Pourtant, deux des grands gâbles qui sur-
montaient les portails sont tombés ; des colonnettes, fendues
comme un os traversé d'une balle, tiennent encore debout ;
les statues des porches sont comme martelées par les éclats
des obus qui sont tombés devant et ont rejailli ; mais tout
le haut des deux tours se dessine, intact, élégant, fort et
léger, sur le ciel.

Encore une fois, c'est surtout l'incendie. Toutes les
sculptures, les colonnes, les statues, hélas ! de la moitié de
gauche sont calcinées ; il en est tombé déjà une couche
peut-être de l'épaisseur d'un travers de main, et ce qui
reste a un aspect friable, semble prêt à se défaire à la pluie
et au vent, à tomber comme une chair brûlée. Les belles
statues, voilà, elles sont brûlées jusqu'à l'os.

Et l'ensemble ? Pourra-t-on jamais le restaurer, le refaire ?
Pour ma part, je ne le crois pas, du moins d'une façon un
peu totale, je pense que le mal est trop grand, trop profond. Une belle ruine alors ? Peut-être un jour ; pour le
moment, non !

* * *

Je n'avais jamais vu Reims, et une fois le premier émoi
passé, j'ai essayé très sincèrement, j'ai fait un grand
effort pour saisir sa beauté ; cela ne m'a pas été possible

C'est une chose très frappante, l'impression d'art, de
beauté a complètement disparu. Sans doute il faut à l'art
une harmonie, une unité, une paix que retrouvent peut-
être plus tard les ruines, que n'a plus à présent cette façade
grise, noire et rouge, qui semble encore fumante, encore
brûlante, encore pantelante. Ce n'est plus une cathédrale,
une vivante œuvre d'art ; c'est un corps, c'est un cadavre

déformé de cathédrale. L'impression qu'on ressent devant un cadavre encore contracté par une mort violente, on la ressent seule ici : l'horreur.

L'horreur, et la tristesse. Sur cette petite place abandonnée nous sommes seuls, mon chauffeur et moi, avec un agent de police enfoncé dans l'angle de deux maisons. Hier encore des obus sont tombés sur ce coin de rue, et voici venir l'heure de l'après-midi où le bombardement a coutume de recommencer. (On a beau faire, on y pense tout de même.) Nous sommes tout seuls, et devant nous, dans cet abandon tragique, est ce grand cadavre. C'est d'une tristesse infinie. Et dans cet accablement que je cherche à analyser, le sentiment qu'on a avec force de l'inutile et de l'irréparable entre pour beaucoup.

Les maisons des villages que j'ai vus, les maisons de cette ville, même les belles maisons anciennes, on pourra les relever ; mais cette cathédrale jamais personne ne pourra la refaire. Alors il semble qu'on n'y devrait pas toucher, qu'il soit défendu par dessus tout d'y toucher !

Et pourquoi ? je me le demande ici encore bien plus que tout à l'heure. Des batteries dans ces rues étroites ou sur les pavés de cette petite place, c'est un écrasant non-sens. Un poste d'observation dans cette tour en somme peu haute, au centre de cette grande ville entourée de collines (d'ailleurs comment l'aurait-on aperçu de cette distance ?) Mais il n'y a pas même à chercher, tellement la vue des lieux impose avec évidence cette impression de l'inutile. Et ce sentiment s'ajoute, pesamment triste, à celui de l'horreur pour faire de ce spectacle une des plus accablantes choses que j'aie sans doute jamais vues.

Comme nous roulions de nouveau dans la campagne, j'ai demandé au chauffeur, qui était Champenois, si ça l'avait intéressé de revoir Reims qu'il n'avait pas vue depuis le bombardement ; il a secoué la tête et m'a répondu :

— Le mal, on n'aime jamais à le voir.

C'est bien cela : le mal.   F. CHAVANNES.

(*Gazette de Lausanne* du 17 novembre.)

A REIMS [1]

26 novembre.

Nous sommes arrivés à Reims peu après-midi par la route de Soissons qui suit la rive gauche de la Vesle. On traverse un faubourg populeux et animé, on passe sur la rive droite de la rivière et on longe le large boulevard de la République.

Ici pas un passant. Les maisons sont closes. Beaucoup ont leurs fenêtres revêtues de planches pour les préserver des éclats d'obus. On tourne à droite dans cette large rue à arcades qui porte le nom de place Drouet d'Erlon. Un premier hôtel à droite, l'hôtel Continental est complètement éventré par les projectiles. Deux pas plus loin est l'hôtel du Nord, où nous nous arrêtons. Le second étage a été ravagé. Le rez-de-chaussée est intact. L'hôtelier, sa famille et son personnel couchent dans la cave.

Tandis qu'on commande le repas, je vais errer sous les arcades. Tous les magasins sont fermés. Un silence de mort, un deuil immense pèsent sur la ville. Une boutique, dont le store métallique est abaissé, garde sa porte ouverte. J'entre. On y vend des cartes postales illustrées. Je félicite la jeune vendeuse de rester à son poste. « Il faut bien, me répond-elle, gagner quelques sous, mais vous savez voilà trois mois que cela dure, on perd patience... » — Aujour-

---

[1] *Près de la Guerre.* A. Jullien, éditeur, Genève, 1915.

d'hui, lui dis-je, on ne tire pas. — « Attendez, c'est toujours l'après-midi. »

A l'hôtel du Nord, le repas est fort animé. Un officier trouve le moyen de nous faire rire aux larmes, avec des histoires de tranchées. Deux heures sonnent. On apporte le café noir. A ce moment, un bruit terrible ébranle toute la maison et nous fait sauter sur nos chaises. Un obus vient d'éclater dans la rue Châtivesle, rue transversale qui débouche dans la place Drouet, à quelques pas de notre hôtel. Notre chauffeur vient nous raconter qu'il a vu s'écrouler tout un mur. « Ça y est, dit l'hôtesse ; ils commencent toujours à ces heures-ci. » Et tranquillement, de la même voix, elle nous demande si nous voulons des liqueurs.

Une seconde explosion, puis une troisième, à deux minutes d'intervalle, font trembler les vitres et la vaisselle. Un officier de gendarmerie entre dans la salle, apportant un petit éclat d'obus qui est tombé dans sa voiture.

Nous nous levons pour aller voir la cathédrale. « A vos risques et périls », nous dit l'officier, qui nous accompagne.

Les batteries allemandes se trouvant à l'est de la ville, les façades des maisons qui regardent l'ouest, sont moins exposées au bombardement. Pour traverser la place Drouet, où nous nous trouvons, en allant de l'est à l'ouest, on voit les gens courir et s'arrêter sous l'arcade pour regarder. Puis la rue reste déserte. Sous l'arcade une dizaine de personnes attendent. Les figures expriment la colère, la douleur et l'angoisse... Seuls des gamins, inconscients du danger, nous courent après et nous offrent en plaisantant des éclats d'obus. L'un d'eux, qui porte un pot à lait et une tasse sur un petit plateau, s'arrête après une soudaine et terrible détonation et dit gravement : « Un peu plus et mon lait était fichu. »

Depuis trois mois les habitants de Reims voient leur ville, leurs maisons anciennes, leurs monuments admirables, s'écrouler pierre après pierre ; ils assistent impuissants à ce long martyre, vivant au milieu de ces ruines, sous la perpétuelle menace d'être tués dans la rue par un obus, ou écrasés sous les décombres de leur propre demeure.

Nous allons par des détours du côté de la cathédrale. Je ne m'arrête pas à vous décrire, après tant d'autres, les bâtiments publics et privés, dévastés ou détruits par le bombardement : le palais de l'archevêché, le théâtre, les hôpitaux et les casernes, les usines et les musées, les vieux hôtels dont le toit est arraché, dont les murs s'écroulent, criblés de trous énormes... Des quartiers entiers, par le fait de leur orientation, sont intacts, on y voit quelques magasins et cafés ouverts. Mais la plupart des maisons restent closes, les fenêtres fermées souvent cuirassées de planches. On avance dans les rues désertes, où tout est silence et deuil. De temps à autre, à intervalles toujours plus longs, un coup de canon, l'explosion terrible d'un obus quelque part sur la ville. Puis le silence... On n'entend plus que le bruit de nos pas sur le trottoir.

Nous arrivons à la cathédrale par la rue étroite où se trouve l'hôtel du Lion d'Or. Devant l'hôtel un obus vient de tomber. Il a creusé un trou dans le pavé et ses éclats ont fait une large plaie dans le mur de la maison. Un homme qui se trouvait sur le pas de la porte a reçu un éclat en pleine figure. Il s'est abattu en avant sur le trottoir, où son sang dessine une grande place rouge au milieu des plâtres. On vient de le transporter dans le vestibule de l'hôtel. Un de mes compagnons, qui est médecin, l'examine ; il a la tempe enfoncée. Etendu sur le dos, le malheureux crie et râle en agitant d'un geste convulsif ses deux mains

qu'il a portées à sa blessure et qui sont toutes rouges de
sang.

Deux autres obus — énormes à en juger par les fragments d'éclats — sont tombés, peu d'instants avant notre
arrivée, autour de la cathédrale. L'un sur le café Saint-
Rémy, à l'angle de la rue Libergier. Le propriétaire était
parti le matin même. L'explosion a fracassé toutes les
fenêtres et projeté très loin dans la rue les volets qui recou-
vraient la devanture. Tout le sol est semé de verre brisé et
de planches. L'autre obus est tombé au pied de la statue
équestre de Jeanne d'Arc, creusant un trou dans le pavé.
La statue est intacte. L'héroïne, le bras tendu, le regard en
haut, semble en appeler au ciel contre le supplice affreux
infligé à la bonne ville où elle mena couronner son roi.

On a prétendu que les Français avaient placé des canons
sur la place de la cathédrale et que c'est pour détruire cette
artillerie que le bombardement a été ordonné au milieu de
septembre [1]. Or la cathédrale est entourée de trois côtés de
maisons hautes dont elle n'est séparée que par des rues
étroites. Il serait donc impossible d'organiser un tir d'artillerie aux abords de l'église, de ces côtés-là, à moins d'abat-
tre les maisons sur un très vaste espace. Devant la cathédrale, en revanche, il y a place pour une batterie qui tire-
rait dans le sens de la large rue Libergier. Mais cette rue
est orientée vers le sud-ouest, c'est-à-dire du côté des positions occupées à l'époque du bombardement et à cette
heure-ci, par les Français.

Du reste, deux mois et demi se sont écoulés. Il n'y a plus
d'armée à Reims. Et le bombardement continue. Et aujour-
d'hui 26 novembre, six obus sont tombés sur la ville pen-

---

[1] Cette accusation est encore reproduite par la *Gazette de Cologne*,
dans un numéro de décembre.

dant que nous y étions, et trois sur la place de la cathédrale, à quelques mètres de l'édifice sacré.

La merveilleuse église avec son triple portail, garni de sculptures admirables, n'est pas détruite comme on l'avait annoncé le premier jour ; sa toiture s'est effondrée, beaucoup de ces inestimables vitraux sont brisés. Néanmoins, vue de la rue, à quelques trois cents mètres on pourrait la croire intacte.

De près, le malheur paraît irréparable.

L'incendie de l'échafaudage qui entourait une partie de l'édifice, a soulevé partout, sur les surfaces nues des deux étages inférieurs de la tour de gauche, des écailles qui se détachent et tombent en poussière ; le mal atteint les guirlandes de statues, les groupes de saints et de saintes qui ornent les voussures. Toute une partie de la façade semble avoir été râclée par une main sauvage ; ces longues plaies de couleur claire sont comme une lèpre qui aurait attaqué une partie de l'édifice et qui continuerait à le ronger.

Le portail de gauche est ravagé par les flammes. Le portail central est mutilé en plusieurs endroits. Celui de droite paraît intact. Le groupe admirable du *Crucifiement* composé de sept statues, qui décorent le fronton du portail de gauche, est gravement atteint. Les sculptures de pierre s'écaillent. Le soldat romain qui tient la lance a perdu ses bras et sa tête.

Jamais l'image du Christ crucifié, image d'héroïsme sublime et de douleur, ne m'a paru plus héroïque et plus douloureuse que sur cette façade meurtrie, devant cette place abandonnée, où flotte une odeur de poudre et d'incendie, au milieu de cette ville torturée, qui semble elle-même un être agonisant, pantelant, perdant son sang par vingt blessures.

La canonnade s'est arrêtée. Dans la rue Libergier, des gens sortent des maisons. Une laitière pousse bravement sa charrette sur les plâtras et les débris, en agitant une sonnette. On vient nous dire qu'un homme a encore été tué tout près d'ici... Mais il faut partir, quitter Reims, s'enfoncer dans le brouillard, dans la nuit, dans la paix, au milieu des champs et des bois.

Georges Wagnières.

PROTESTATIONS

SUISSE

EXTRAIT DU DISCOURS DE M. H. FAZY[1], doyen d'âge
à l'ouverture de la première session
de la 23me législature des Chambres fédérales, Berne.

Oui, messieurs, tout en restant neutres, nous conservons
le droit d'apprécier les événements contemporains et de les
apprécier en nous plaçant sur le terrain de la justice, qui
est éternelle et universelle et qui est la grande loi de l'histoire. Aussi n'hésitons-nous pas à déplorer avec une profonde douleur l'atteinte que la guerre actuelle a portée au
principe de la neutralité. Puissent l'indépendance et la
neutralité de la Belgique et du Luxembourg sortir victorieuses de la douloureuse épreuve que ces deux pays supportent avec tant d'héroïsme. En émettant ce vœu, je reste
dans la grande ligne de notre glorieuse histoire et je suis
certain que mes paroles ne seraient pas désavouées par les
braves qui combattirent pour la liberté à Morgarten et à

[1] Les premières déclarations qui suivent ne concernent pas, à vrai
dire, spécialement Louvain et Reims. Mais ce sont déclarations de
principe qui ont, à nos yeux, une grande valeur. Elles établissent quasi
officiellement le point de vue où s'est placée la saine opinion suisse pour
juger les crimes de Louvain et de Reims.

Cela nous dispense de publier (leur nombre du reste s'y oppose)
tous les articles de protestation qui ont paru dans les journaux de la
Suisse romande à la nouvelle de ces odieux attentats. Nous ne donnons
que les articles du professeur Vetter de Berne.

Sempach, à Saint-Jacques et à Morat, à l'Escalade et à Neuenegg.

EXTRAIT DU DISCOURS
DE M. LE CONSEILLER FÉDÉRAL MULLER
(prononcé à l'assemblée de l'*Helvetia*).

Nos amis romands appréhendaient un peu l'expansion des idées pangermanistes. Dans la Suisse allemande, nous n'a- vions pas cette crainte. Nous nous sentions assez forts pour résister à une expansion de ce genre. Ce n'est pas que nous approuvions tout ce qui se passe de l'autre côté du Rhin, mais nous n'étions pas aussi sensibles parce que, grâce à la communauté de langue et de race, nous pouvions comprendre ces choses mieux que la Suisse romande. Mais nous comprenions et nous comprenons encore aujourd'hui fort bien les appréhensions de la Suisse romande.

Vint la violation de la neutralité belge par l'Allemagne. Nous l'avons tous ressentie comme une chose qui n'aurait pas dû être. Nous avons tous éprouvé une profonde sympathie pour le peuple belge. Mais ce sentiment s'est traduit d'une façon différente, suivant le tempérament de chacun : d'un côté avec vivacité, presque avec de la passion, d'une façon démonstrative ; de l'autre, avec plus de calme et de réserve. Mais je crois qu'on a déjà compris qu'au fond il n'y a pas de profondes divergences entre nos conceptions.

La rédaction de *La Revue* de Lausanne, à laquelle nous empruntons ces lignes, a fait suivre ces réflexions de la déclaration suivante :

Nous sommes certains de notre côté que les paroles de M. le conseiller fédéral Muller auront un écho heureux dans toute la Suisse romande. Avec toute la réserve que lui im-

posait sa situation d'homme d'Etat, M. Muller a prononcé,
en particulier à l'égard de la Belgique, des paroles qui rendent un hommage éclatant aux sentiments que la Suisse
romande tout entière a fièrement manifestés.

EXTRAIT DU DISCOURS DE M. HENRI CALAME
Président du Conseil d'Etat du canton de Neuchâtel
à l'ouverture de la session du Grand Conseil Neuchâtelois.

Nous croirions faillir au devoir, si, au moment où nous
nous réjouissons que nos frontières soient demeurées in-
violées et que les grandes tristesses de l'invasion nous aient
été épargnées, nous manquions l'occasion, pour des consi-
dérations d'une neutralité égoïste et peureuse, d'envoyer à
la Belgique vaillante et martyre l'hommage de l'admiration,
du respect et de la sympathie de notre peuple neuchâtelois.

EXTRAIT DU PROCÈS-VERBAL
de la séance d'ouverture
de la session du Grand Conseil genevois.

Il a été procédé à l'élection du Bureau, qui a été composé
comme suit :

Président : M. Boveyron, par 57 voix sur 67 votants.

M. Boveyron remercie le Grand Conseil pour cette nouvelle marque de confiance. « Je compte, dit-il, sur le patrio-
tisme de tous pour faciliter la tâche difficile des autorités
dans les circonstances actuelles et espère que les lois votées
par le Grand Conseil ne seront pas de vulgaires chiffons de
papier déchirés par une force brutale sans scrupule »
(*applaudissements*).

EXTRAIT DU PROCÈS-VERBAL
d'une séance (22 déc.) du Conseil municipal genevois.

En levant la séance, M. Jaccoud a adressé aux soldats actuellement sous les drapeaux les salutations de la ville de Genève à l'occasion des fêtes de fin d'année et a émis le vœu, aux applaudissements de l'assemblée, que l'année 1915 voie le triomphe définitif du droit et de la justice sur la brutalité.

EXTRAIT D'UN DISCOURS DE M. COMTESSE,
ancien président de la Confédération suisse.

A la cérémonie du 1er mars à la Chaux-de-Fonds, M. Comtesse a prononcé ces paroles :

« Nous ne pouvions pas rester indifférents et muets devant la violation de la neutralité de la Belgique. C'est là un attentat irréparable qui révolte la conscience de tous les peuples. »

EXTRAIT DU DISCOURS
DE M. ERNEST CHAVANNES
président du Conseil communal de Lausanne.

M. Ernest Chavannes, président, constate que l'année 1915 sera probablement la plus difficile de notre époque. «Nous aurons des tâches délicates; nous accomplirons notre devoir dans un esprit de fraternité, avec énergie et sans faiblesse, ni récriminations. Soyons un peuple de frères et de disciplinés, ayant la maîtrise de soi-même, ayant pour but autre chose qu'une culture qui ne sert qu'au triomphe de la force et à l'oubli d'engagements solennels.» Il proteste contre les crimes de lèse-humanité et de lèse-nations que nous voyons se dérouler devant nous, souhaite le retour à l'esprit d'amour et de charité. «Dans un pays voisin vers lequel vont toutes nos sympathies, au creuset de l'épreuve tous les cœurs se sont unis, sans distinction de partis et d'intérêts : la France reste pour nous le pays dont le triomphe signifie l'affranchissement du culte de la force, le progrès de la vraie civilisation. » (*Bravos.*)

CARL SPITTELER

Extrait de la conférence donnée le 14 décembre à Zurich
sous les auspices de la nouvelle Société helvétique.

...Son sort (de la Belgique) nous regarde tout particulièrement. Ses envahisseurs ont de prime abord reconnu euxmêmes leurs torts envers ce pays. Après coup, pour se blanchir, Caïn jugea bon de noircir Abel. Fouiller les poches de la victime pantelante pour trouver des documents me paraît une aberration de sens moral. Egorger la victime était plus que suffisant. La vilipender ensuite, c'était trop. Mais si un Suisse s'avisait de s'associer aux injures contre la malheureuse Belgique, il commettrait une impudence compliquée d'une idiotie.

(*Notre point de vue suisse ;* traduit par Catherine Guilland. Rascher & Cⁱᵉ, éditeurs, Zurich.)

CHARLES VUILLE

Après Reims, Paris !

Après le sac de Louvain, — cette Sienne des Flandres, — c'est l'adorable petite cité de Dinant, dont les quais, laissant crouler dans la Meuse sous les coups des obusiers leurs maisons séculaires, apparaissent aujourd'hui, — avec les pans noircis de leurs murailles, — comme un lamentable cada-

vre tendant, — ô Dryander! — ses bras déchiquetés et
suppliants vers le ciel d'acier de ton Wotan implacable !

C'est Liège et c'est Malines, dont les chefs-d'œuvre de
pierre disparus aujourd'hui empruntaient aux dentelières la
grâce exquise et menue de leur art !

...Et l'on voudrait que devant tant d'iniquités ; — devant
cette cynique violation des traités conclus ; — de la foi
jurée, — du droit des gens ; — devant ce coup de sabre
déchirant de façon préméditée et méthodique l'œuvre des
congrès de La Haye, nous ne frémissions pas d'horreur et
de dégoût, nous autres Suisses romands ? et l'on nous inter-
dirait de clamer notre indignation sous un prétexte hypo-
crite de neutralité ?...

(Extrait de la plaquette *Les réprobations nécessaires* publiée à
Genève par M⁰ Vuille, avocat du barreau de Genève, ancien bâ-
tonnier, ancien député.)

PROTESTATION DU PROFESSEUR VETTER
DE BERNE, CONTRE LA DESTRUCTION DE LOUVAIN

I

Le plus germanophile de tous les Suisses, le professeur Vetter
lui-même, qui, il y a quelques années, disait à Nuremberg que,
au point de vue intellectuel, la Suisse était une province allemande, sent qu'il est de son devoir de protester contre la violation de la neutralité belge et la destruction de Louvain. En réponse à l'appel pangermaniste du professeur Kurt Breysig, il
publie dans la *Tagwacht*, organe des socialistes bernois, une lettre
ouverte où on lit entre autres ce qui suit :

Nous autres Suisses allemands, nous ne demanderions
pas mieux que de répondre joyeusement à votre éloquente
exhortation, de faire savoir aux Allemands que notre cœur

n'est pas avec leurs ennemis et que nous souhaitons que la force de l'empire allemand ne soit pas ébranlée...

Après avoir encore donné longuement essor à ses sentiments germanophiles, le professeur Vetter continue comme suit :

Mais vous autres, frères d'Allemagne, vous ne nous facilitez pas notre affection et notre admiration. Peu d'heures après votre appel à notre sympathie, nous arrive la nouvelle d'un acte d'un de vos généraux qui, s'il se confirme, dépasse la fureur de destruction de la Commune, les incendies de villes de la guerre de Trente Ans d'autant que notre temps se croit supérieur aux siècles passés en civilisation, en science et en morale.

Parce qu'une subdivision allemande a été attaquée par derrière par quelques habitants désespérés ou sans conscience, toute la ville de Louvain a été incendiée par le général allemand. Elle a été transformée en monceaux de cendres et de ruines.

Notre sang se fige à l'ouïe de semblables faits. Nous avons été douloureusement indignés à la nouvelle que dès le début de la guerre, pour répondre à une intention semblable de l'ennemi (?), vous avez porté la guerre en Belgique, pays neutre comme le nôtre, pays à moitié germanique comme le nôtre. Pour ce méfait, les Flamands, qui sont pourtant de fidèles Germains, ont crié : *Vive la France !* dans les rues de Bruxelles et ont arraché de leurs maisons les enseignes flamandes. Nous pensions alors que vous auriez dû leur épargner cela, vous épargner cela à vous-même.

Mais aujourd'hui que votre invasion de la Belgique a fourni à vos frères de race, les Anglais, le motif peut-être désiré de faire la guerre, aujourd'hui que votre vaillante armée a trouvé dans les troupes belges des adversaires dignes d'estime et désormais acharnés, aujourd'hui vous laissez l'un quelconque de vos généraux saccager une ville non fortifiée, comme Tilly a autrefois saccagé Magdebourg, et détruire des valeurs historiques et artistiques telles que la guerre n'en avait pas détruit depuis les incendies des Français sur le Haut-Rhin au XVIIe siècle.

Est-ce que la Halle des Drapiers, autrefois célèbre dans le monde entier, aujourd'hui université, est-ce que les églises de St-Pierre et de Ste-Gertrude ne sont pas des monuments irremplaçables de la fierté de l'esprit civique, d'une haute culture artistique, scientifique et religieuse ? Nulle part comme dans les villes de la Flandre et de la Hollande, l'amour de la liberté ne s'est allié à l'amour de l'art, l'esprit civique allemand ne s'est allié avec l'esprit de la dernière époque de la gothique française. Que nous donnerez-vous en échange, si vous détruisez l'un de ses plus fiers monuments ?

La guerre doit tuer des hommes. De nouveaux hommes naissent et grandissent. Mais détruire les œuvres de l'esprit humain est un sacrilège plus impardonnable encore. Les créations de la poésie et de la musique sont indestructibles. Celles de l'art plastique, en particulier de l'architecture, vivent une seule fois, comme les grands hommes, et ne ressuscitent pas.

Voulez-vous donc continuer ainsi ? Voulez-vous, à Paris, détruire avec des schrapnels allemands Notre-Dame, le Louvre, que la Commune elle-même a respectés, si d'un soupirail ou d'un premier de la capitale partent quelques coups de feu qui tuent quelques uhlans ? Dans ce cas, que les dieux aient pitié de toi, Italie, si tu devais te laisser aller à prendre les armes contre l'Allemagne et l'Autriche ! Dans ce cas, fais-toi détruire la place St-Marc à Venise, le

Campo Santo de Pise, le Vatican et le Capitole et en échange va chercher le Trentin et Trieste !

(*Tagwacht*, 4 septembre, traduction du *Journal de Genève* du 11 septembre.)

II

La torche incendiaire de Louvain, alors même qu'elle se serait arrêtée devant les sanctuaires sacrés de l'art, continuera à brûler dans les mains des combattants et des ennemis désormais irréconciliables. Elle peut transformer les champs de bataille de Belgique, de France, et qui sait? peut-être aussi d'Allemagne, en un immense champ de décombres, en un acte d'accusation éternel contre le peuple allemand.

Qui est coupable de cette destruction monstrueuse ou — nous voulons encore l'espérer — de cette menace inouïe contre les biens les plus hauts de l'humanité, laquelle, si cette guerre mondiale se prolonge, sera suivie d'autres actes plus douloureux encore? La postérité vous attribuera sans autres cette faute à vous Allemands. Elle nommera votre nom, notre nom, à côté de celui des Huns et des Vandales. C'est là ce qui nous fait tant de peine à nous Suisses allemands, pour vous et pour nous. C'est là ce qui nous rend impossible à nous neutres de nous reconnaître sans réserve comme étant avec vous, avec vous qui n'avez pas respecté la neutralité et l'indépendance de la Belgique et qui avez été poussés à cet acte de vengeance.

La postérité aura tort dans son jugement. Nous vous connaissons, nous nous connaissons mieux. Nous savons que c'est seulement sous la pression la plus douloureuse de la nécessité que vous avez cru devoir agir ainsi. Mais est-ce que cette obligation n'a pas été la conséquence d'une trans-

formation fatale de votre politique, la conséquence d'un art
politique antigermanique qui vous a été imposé par vos ennemis !

Le professeur Vetter, avec une vision singulièrement claire et
la connaissance approfondie qu'il possède de l'Allemagne contem-
poraine, met ici le doigt sur le nœud même du débat. Ses obser-
vations ont une si grande importance historique et politique que
le lecteur ne nous en voudra pas de les citer textuellement malgré
leur ampleur.

Est-ce que, reprend M. Vetter, le grand organisme admirablement ordonné de votre caste de fonctionnaires et de
guerriers n'a pas éveillé chez beaucoup de ses représentants
un sentiment de force et de puissance absolue qui ne peut
que trop facilement conduire à un acte de violence trop ra-
pide ? Est-ce que la politique des alliances défensives inau-
gurée par votre grand Bismarck n'a pas éveillé en vous la
foi en la puissance invincible des trois Etats alliés de l'Europe centrale ? N'a-t-elle pas poussé ses adversaires et ses
rivaux à une contre-alliance, de telle sorte que les principales nations de l'Europe marchaient comme sur une arête
glissante de neige, attachés trois par trois à la corde qui
les retenait ensemble, mais qui, au premier faux pas, au
premier accès de vertige, devait les entraîner tous trois dans
l'abîme et entraînera peut-être aussi dans le même gouffre
la cordée qui les suivait ?

Sans doute jusqu'à présent votre Triple Alliance a suivi
fièrement et sûrement son chemin, et maintenant encore,
vous, Allemands, avec le seul allié qui vous soit resté
fidèle, vous marchez de victoire en victoire. Mais vos ennemis sont nombreux. Ils sont puissants et opiniâtres. Ils
vengeront vos nouvelles actions de guerre par des actions
plus graves encore. Et si vous les vainquez tous, vous de-

vrez prendre d'autant plus garde à l'ennemi intérieur de tout vainqueur, la folie des grands Etats (*Grossstaats-wahn*).

C'est cette folie qui étend la main pour saisir le patri-moine ancien ou le territoire honnêtement acquis des vain-cus, ainsi que le sol des petits Etats pacifiques. C'est elle qui, à l'intérieur, accroît jusqu'à l'infini la puissance des gouvernants et de leurs instruments. Car la puissance est mauvaise et engendre le mal. A côté de quelques encoura-gements grandioses à la science, l'art et la technique, elle favorise l'oppression des doctrines et des convictions qui ne plaisent pas en haut lieu, des idées dissidentes et des opi-nions indépendantes. La guerre favorise cette oppression, cette adaptation obligatoire de l'individu aux idées rétro-grades des puissants et des dirigeants.

Après ce réquisitoire sévère, le professeur Vetter en arrive à la conclusion :

Voilà pourquoi, nous Suisses allemands, après les fruits de cette guerre qui est la vôtre, si brillants qu'ils puissent paraître à l'extérieur, nous ne pouvons pas nous placer sans réserve à votre côté. Quant à ce que dans votre appel vous vantez comme *démocratie :* l'union de toutes les classes et de tous les partis en vue de la défense commune contre l'ennemi extérieur, nous pouvons bien l'admirer ; mais nous ne pouvons lui accorder notre sympathie que si ces efforts et ces sacrifices immenses profitent au peuple et à son émancipation spirituelle.

Vous avez, monsieur et cher collègue, invoqué notre ger-manisme. Et nous, Suisses allemands, nous le confessons volontiers. Vous voulez en même temps respecter notre neutralité, tant que nous pouvons la conserver vis-à-vis de notre conscience germanique. Mais cette neutralité ne nous inspire pas seulement une sincérité absolue vis-à-vis de vous comme vis-à-vis d'amis. Elle nous impose aussi la justice vis-à-vis de vos ennemis, quand leurs droits sont foulés aux pieds, et la justice vis-à-vis de nos Confédérés dont les sympathies vont tout naturellement en partie à vos ennemis.

Nous avons besoin de l'appui de ces Confédérés pour résoudre notre tâche commune. Cette tâche consiste à opposer, même pendant cette guerre, à l'Europe monarchique et chauvine, divisée par les oppositions de races et de religions, la pensée du libre développement de l'esprit libre dans de petites communautés indépendantes, la pensée des Etats-Unis d'Europe. Et cette neutralité-là, nous pouvons et devons la conserver non seulement devant notre conscience germanique, mais devant notre conscience humaine, qui élève la voix chaque fois que les biens les plus nobles de notre race sont en jeu, lorsqu'une grande nation défend sa force contre l'envie et le mépris des adversaires, comme lorsqu'un petit peuple lutte pour ses droits et y perd les biens sacrés du passé ; là où les partis ennemis s'unissent au service de la patrie et là où la pensée libre opprimée se révolte contre l'arbitraire et contre la convention...

Prof. F. Vetter.

(*Tagwacht* du 6 septembre, traduction du *Journal de Genève* du 11 septembre.)

PROF. FERDINAND VETTER
de Berne.

La cathédrale de Reims.

Le grave dommage et la menace plus grave encore causés à la cathédrale de Reims, qui n'est pas seulement chère à tout Français, mais à tout ami de l'art, n'ont vraisemblablement pas été voulus par l'état-major allemand ; la faute immédiate en est aux échafaudages de la façade nord-ouest, qui, atteints par le feu, l'ont communiqué à la charpente des toits. Mais que c'ait été là « un accident qu'on ne pouvait guère prévoir », est une explication qu'on ne peut guère accepter comme excuse. Le général allemand devait voir le massif échafaudage et mesurer le danger de l'incendie pour le monument. Il ne devait pas se poser la question de Theobald Ziegler (dans le *Bund* du 8 octobre) : « Les monuments ou les hommes ? » ; mais il devait se dire : « Je suis tenu d'épargner les monuments comme les hommes sans défense : je ne tire pas sur eux, même si cela doit me coûter d'autres vies : car j'accomplis ainsi mon devoir envers ce sanctuaire artistique, national, international ». La destruction d'un grand chef-d'œuvre de l'art représente l'anéantissement d'une telle somme de bonheur pour le présent et l'avenir le plus lointain que le salut de quelques vies humaines ne peut balancer une telle perte. La vie n'a de prix que par ce qui élève au dessus de la vie. Les monuments sont donc sous la protection de la Croix-Rouge, comme les hôpitaux, même s'ils abritent une armée et doivent occasionner des sacrifices. Quand même une telle construction serait fautivement employée comme poste d'observation, ainsi qu'on l'a prétendu pour Reims, l'assaillant qui a souci du renom de son peuple, doit d'autant plus montrer au présent et à la postérité qu'en épargnant une œuvre irréparable, son peuple est le plus grand, le plus cultivé, le plus humain. Ainsi, il lui rend un service plus inoubliable qu'en se préservant, lui et ses troupes, qui ont déjà par le sacrifice de leur vie à la patrie, d'une mort glorieuse, par l'incendie des sanctuaires de l'ennemi, qui provoquera plus tard d'innombrables vengeances...

Suit le procès-verbal officiel des dégâts causés à la cathédrale de Reims par le bombardement et l'incendie des 18-19 septembre [1].

...Le dommage moral causé à l'Allemagne par des faits comme ceux de Reims et de Louvain, nous semble avoir été évalué trop faiblement par les généraux allemands, en comparaison des avantages stratégiques momentanés. Ce nous semble le devoir des neutres, qui entendent les voix des deux parties, d'élever eux-mêmes la voix pour dire : « Prends garde ! » même si personne ne veut les écouter. Dans le même journal de Paris, qui représente les ruines de Louvain avec un groupe d'officiers allemands qui les contemplent avec satisfaction, un témoin qualifie la dévastation de la cathédrale de Reims *d'un des plus grands attentats de l'histoire du monde*, et en nomme les auteurs les *Vandales modernes*, les *Gildod Huns*. Quand a-t-on jamais entendu parler de tels actes allemands, en 1813, ou en 1870 ? Et ils porteront leurs fruits ! Les statues décapi-

---

[1] Voir p. 41, le procès-verbal du maire de Reims et de l'architecte local des monuments historiques, 23 septembre 1914. M. Ferd. Vetter renvoie, pour plus de détails, aux photographies reproduites par l'*Illustration* du 26 septembre, la *Guerre mondiale* du 8 octobre, et la *Schweizer Illustrierte Zeitung*, du 10 octobre.

tées de la reine de Saba, de saint Rémy, qui baptisa en cette place le premier roi do France, la ruine de l'église du couronnement de ses successeurs, où la Pucelle porta devant son roi la bannière de la victoire — tout cela parle au peuple français une langue émouvante, qui ne sera pas étouffée, même quand on aura remédié aux dégâts du bombardement, comme d'un tremblement de terre, et que les autres blessures de cette guerre seront cicatrisées. Qui se sent appartenir, d'esprit, à la race allemande, qui souhaite de tout son cœur la victoire à l'esprit allemand, doit former l'ardent espoir qu'une destruction de Louvain, un bombardement de Reims, seront à l'avenir évités à tout prix. On a plaisir à entendre dire à W. von Boda (*Neue Zürcher Zeitung*, 8 octobre) que « la protection des monuments doit s'exercer en pays ennemi, comme en son pays propre », on respire, quand on lit que la cathédrale d'Anvers n'a pas été bombardée. Mais les trésors de l'humanité ne seront en sûreté que sous la protection internationale d'une Croix-Rouge pour l'art et pour la science, dont la bannière flottant au dessus d'eux garantira aux œuvres de l'esprit le respect qui leur est dû par le monde entier.

Prof. Ferdinand Vetter.

(*Zürcher Post*, 15 octobre 1914, traduction du *Journal de Genève*.)

PROTESTATION DE LA SOCIÉTÉ VAUDOISE DES INGÉNIEURS ET DES ARCHITECTES

On nous communique la protestation suivante :

« La Société vaudoise des ingénieurs et des architectes, dans sa séance du 14 novembre 1914, a décidé d'exprimer publiquement le sentiment d'indignation que lui a causé la destruction sacrilége, au cours de la guerre actuelle, de chefs-d'œuvre dont la perte est irréparable.

» Etrangère à tout parti pris politique, elle ne veut considérer que la cause de l'art et de la civilisation et tient à libérer sa conscience en faisant entendre sa protestation.

» Elle souhaite ardemment qu'un mouvement d'opinion se déclare dans tous les peuples pour prévenir le retour de dévastations inutiles et imposer à chacun le respect des merveilles que tous les âges ont entourées de leur vénération.

Le Comité. »

PROTESTATION DES PEINTRES, SCULPTEURS ET ARCHITECTES GENEVOIS

Le sculpteur James Vibert, président de la section de Genève de la Société des peintres, sculpteurs et architectes suisses, a adressé au président de la République française et au président du gouvernement belge, le texte de la motion suivante votée par la section de Genève :

« A l'unanimité, la section de Genève de la Société des peintres, sculpteurs et architectes suisses, s'appuyant sur des documents irréfutables, envoie aux artistes belges et français sa protestation émue contre la destruction systématique par les Allemands des œuvres d'art en Belgique et en France. »

(Suivent une trentaine de signatures.)

PROTESTATION SUISSE
CONTRE LE BOMBARDEMENT DE REIMS

Les soussignés, citoyens suisses, violemment émus par l'attentat injustifié contre la cathédrale de Reims, survenant après l'incendie volontaire des richesses historiques et scientifiques de Louvain, réprouvent de toutes leurs forces un acte de barbarie qui atteint l'humanité entière dans un des plus nobles témoins de sa grandeur morale et artistique :

Mme Ch. Achard. Adalsbourg. Louis-G. Ador. W. Andrist, journaliste. Carl Angst, sculpteur. Ernest Ansermet, musicien. Alexis Argenton, Territet. M. et Mme J. Arlaud, Chêne-Bourg. A. Arzani. Blanche Aubert, Cécile Aubert, Jean Aubert, Jules Aubert, Lucien Aubert, à Vevey. Paul Aubert, Henri Aubert, à Clarens.

Fritz Bach, compositeur de musique, Nyon. J. Bachelin. Louis Badan, négociant. Louis Badan, restaurateur, Versoix. Alice Bailly, peintre. Adrien Bally, voyageur, Genève. Ch. Banquis. Marie Barbé, Landeron. F. Barth. Ant. Bastard. Auguste Bastard, peintre. W. Bastard, organiste. Dr E. Batault. Mme E. Batault. G. Batault, homme de lettres. A. Battand. Mme G. Battand. Maurice Baud, homme de lettres, peintre. Daniel Baud-Bovy, directeur de l'Ecole des Beaux-Arts de Genève. H. Baud. Jean Bauler, publiciste, Berne. J. Baumgartner-Pourrat. Ed. Bauty, rédacteur en chef de la *Tribune de Genève*. François Beauverd, architecte, Lausanne. Maurice Bedot, directeur du Musée d'Histoire naturelle de Genève. F. Benner, photographe. E. Benoît. Béranger. Hélène Béranger. Alphonse Bernard. William Bernard, homme de lettres. Armand Berny, Genève. Sacha Bernhard. L. Berthod, ingénieur. Edouard Bertrand, jardinier. G. Bertrand. Aug. Berthier, ingénieur, Confignon. J. Besse-Junod, Ste-Croix. Dr Besson. A. Bettex. Alice Bettex. M. Bettex. G. Betz. M. Betz. C. Beyeler, Neuchâtel. L. Bicherraz. Jean Biedermann, libraire-éditeur, Lausanne. Bieler. D. Bieler, pasteur. Dr C. Biermann, professeur au Collège classique de Lau-

— 80 —

sanne. Ange Bigogno, entrepreneur. Henry Bischoff, peintre. Charles Blanc, Lausanne. A. Blanchet, peintre. Ernest Bloch, compositeur. Blondin, professeur à l'Ecole des Arts industriels. Bochud, instituteur, Vevey. Bocquet, professeur à l'Ecole des Beaux-Arts de Genève. Louis Bogey, conservateur des Bibliothèques de la Ville. Albert Bohy, architecte, Genève. Paul Boillat, Delémont. L. Boillet. Jacques Bois, ingénieur-adjoint de la Ville. Fréd. Boissonnas, photographe-éditeur. P. Boittat, caissier-comptable, Delémont. Ernest Bolomey. H. Bolle. Emile Bonjour, conservateur du Musée de peinture, Lausanne. Dr Bonjour, professeur. F. Bonnet. Georges Bonnard, professeur au Collège et au Gymnase classiques de Lausanne. F. Boo, employé. Frédéric Borel, Pressy. L.-H. Borel, ingénieur, Peseux-Neuchâtel. Charles Borgeaud, professeur d'histoire. Léon Bory, banquier, Lausanne. Bossux. Maurice Boubier, Dr ès-sciences, professeur à l'Ecole secondaire de jeunes filles de Genève. H. Bouët, organiste. Dr Bourcart. Mme Bourgeois. A. Bouvier. Ginette Bouvier, Collonges-Bellerive. Jean Bouvier, secrétaire du service municipal des Musées et Collections. Paul Bouvier, architecte, Neuchâtel. Bouvier, professeur à l'Ecole des Arts industriels. Adrien Bovy, conservateur du Musée des Beaux-Arts de Genève. Fernand Bovy, peintre. Léon Bovy, architecte. Paul Bratschi. F. Brazzola, ingénieur. L. Brazzola, architecte. Robert Bridel. E. Briod, président de la Société pédagogique de la Suisse romande. Aug. Bron. Alfred Bruderli. A. Brun, Dr ès-sciences (volcanologue). Lucien Brunel. Louis Brutsch, licencié ès-lettres. Edwin Bucher, sculpteur, Lucerne. André Bucher, ciseleur, Lucerne. Gustave Buchet, peintre. Paul Budry, professeur, co-directeur des *Cahiers Vaudois*. Dr Ed. Bugnion, professeur à l'Université de Lausanne. Mme Bugnion-de Lagouarde, Blonay. René Bugnion. C. Bujaud. Henri Bulliot, président de la Fédération montagnarde genevoise. E. Burnand, peintre. H. Burnand, professeur. Jean Burnat. J. Burford. Fernand Buttin, avocat, Yverdon. L. Buttin.

A. Cacheux, professeur à l'Ecole des Arts industriels. H. Cailler, bibliothécaire de la Société suisse de numismatique. Calame. Alexandre Camoletti, architecte, professeur à l'Ecole des Beaux-Arts de Genève. J. Cand, Yverdon. Caniery, professeur à l'Ecole

des Arts industriels. Raoul Capt de la Falconnière. Dr Campart.
C. Carteret, professeur à l'Ecole des Beaux-Arts de Genève.
Alfred Cartier, directeur général du Musée d'art et d'histoire de
Genève. Marguerite Cartier, Vevey. Félix Cardinaux, Lausanne.
A. Cavin. Ch. Cavin, négociant. Dr E. de Cérenville, professeur
honoraire à l'Université de Lausanne. Emile Chaix. Félix Chaffet,
au Menuet, Genève. Ami Chantre. Marc Chantre. Louis Chamay,
technicien. Philippe Chanal, représentant de commerce, Genève.
Chappuis. Henri-J. Chappuis, administrateur de la Société géné-
rale d'imprimerie. Paul-G. Chappuis, étudiant en théologie.
Chappuis, professeur à l'Ecole des Arts industriels. E. Chapuis,
commis. Mme Charles Chapuis, Lausanne. Mme Charles Chapuis,
Genève. Louis Châtillon, artiste peintre. Gustave Chaudet. Marguerite Chautems-Demont, violoniste. F. Chavannes, homme de
lettres. Chavanne. F. Chédel, horloger, La Chaux-de-Fonds. Jacques Chenevière, homme de lettres. Dr Chéridjian. Ed. Chevallaz,
architecte. Ed. Cherix, rédacteur du *Journal de Nyon*. G. Chessex,
architecte. Charles Chessex. Pietro Chiesa. A. Chiocca. Philippe
Chuit, D^r ès-sciences, Petit-Lancy. Jules Chollex. Alexandre
Cingria, homme de lettres, peintre. Ed. Claparède, professeur à
l'Université de Genève. M. Auguste Clavel, Genève. Mme Marie
Clavel. E. Clément. Charles Cless, géomètre, Genève. François
Cloux, Lausanne. Ed. Combe, rédacteur à la *Gazette de Lau-
sanne*. Jacques Combe. Charles Comte, Louis Comte et Marcel
Comte, Genève. Emile Constantin. J. Copponex. Ch. Cornaz, ins-
pecteur du matériel scolaire, Neuchâtel. Ernest Correvon, avocat.
Alfred Cossy. Mlle Cottier. L. Court, représentant, Genève.
Louis-J. Courtois, privat-docent à l'Université. Léon Coutureaux.
Raoul Coutureaux. Crépieux. A. Crombac. Jules Crosnier, pro-
fesseur à l'Ecole des Beaux-Arts de Genève. H. Cuendet. Em.
Cuénod, entrepreneur. L. Curtat, peintre.

Daïon, D^r en médecine. André Dardel. Henri Darel. Mme Th.
Darel. J.-El David, rédacteur à la *Gazette de Lausanne*. L. Debarge,
directeur de la *Semaine littéraire*. Horace Decoppet, Yverdon.
Alfred Decombaz, Lausanne. J. Delachaux. Alfred Delafontaine.
Jean Delapierre, Berthoud. P. Déléamont, architecte. André
Delhorbe, homme de lettres. Elie Deluz, secrétaire de la Fédé-

ration internationale pour le repos du dimanche. Joseph Demagistri, entrepreneur de peinture. Dr Paul Demiéville, professeur à l'Université de Lausanne. Dr E. Demiéville, Villars-sur-Ollon. Eugène Demole, conservateur du Cabinet de numismatique, Genève. E. Démolis. Julia Demont, cantatrice. Charles Denizot, artiste lyrique, Genève. G. Dériaz, professeur à l'Ecole des Beaux-Arts de Genève. H. Desaulles, Montreux. H. Dessemontet. V. Dessemontet. Lucien Désert, secrétaire au Département des Finances. Camille Devegnez. M. Divorne. Charles Dœlker. G. Dolder. Ed. Dolt. C. Dombola. J. Dompmartin. Félix Dovat, directeur du chantier d'assistance. Donzallaz. Gustave Doret, compositeur. A. van Dorsser, architecte, Lausanne. Jules Dubois, professeur. C. Duboux, Genève. Arthur Ducret-Wertheimer, sculpteur. E. Dufour, typographe. Théophile Dufour, directeur honoraire des Archives et de la Bibliothèque de Genève, ancien président de la Cour de justice. F. Dumas, architecte, Romont. Emile Dumont, professeur de dessin à l'Ecole des Arts et Métiers. Ernest Dumont, architecte. Louis Dumur, homme de lettres. Ls Dunki, professeur à l'Ecole des Beaux-Arts de Genève. Charles Duperrex. J. Duplain, directeur de la *Suisse libérale*, Neuchâtel. Jean Duren, Gryon. Louis Duret. Albert Duruz (Solandieu) Sion. Emile Dusseiller, ancien professeur, curé de Notre-Dame. Eug. Duvoisin.

Charles Eberbach. Henri Eggimann, dessinateur-architecte, Lausanne. A. Egli, professeur. Charles Egli. Jean Ellenberger. Henri Emmel. Dr d'Esternod, professeur. D. Estoppey, professeur à l'Ecole des Beaux-Arts de Genève. H. Eternod, Mlle Eternod, Yverdon. Marcelle Eyris, femme de lettres, Genève.

Alfred Faes, Carouge. Henri Faes. Mme Maria Faes. J. Favarger, ingénieur. René Favey, Lausanne. Charles Favez, professeur au Collège de Montreux. M. Favez, homme de lettres. Victor Favrat, rédacteur à *La Revue* de Lausanne. E. Favre, entrepreneur. Mlle Marguerite Favre. Philippe Favre, masseur. S. Ferrier, Genève. Mme Anna Ferrini-Revilliod. Colonel F. Feyler, professeur à l'Ecole polytechnique fédérale, directeur de la *Revue militaire suisse*. Edouard Fivaz, industriel. G. Fleuty. L. Florentin. D. Fœl. Vincent Fogliasso, artiste musicien. Joseph Fontana, architecte, Genève. M. Alexis Forel, peintre et graveur. Mme Alexis Forel. L. Forestier. Fr. Fraisot. René Francillon, peintre. G.-C. Fuisen, Berthoud.

J. Gagliardini, entrepreneur. Armand Gaille, pharmacien, St-Aubin (Neuchâtel). Gustave Gaillard, négociant, Chillon. Sam. Gaillard. H. Gallay, professeur à l'Ecole des Beaux-Arts de Genève. Léon Galley, Fribourg, ex-prof. de gymnastique à Reims, membre d'honneur de la Gauloise. A. Gamboni, avocat. Ganty, ingénieur. Henri Garcin, architecte. Frédéric Gardy, directeur de la Bibliothèque de la Ville de Genève. Ed. Gasser, architecte. Mlle Louise Gaud, artiste peintre, professeur. Emile Gautier. Dr Gay. Gaspard Gay. Ferdinand-Godefroid Gentit. Paul-Victor Gerber, docteur ès-sciences, Romainmotier. M. Gerber, Berthoud. Louis Gianoli, artiste peintre. Edmond Gilliard, professeur, co-directeur des *Cahiers Vaudois*. Eug. Gilliard, professeur à l'Ecole des Beaux-Arts de Genève. Frédéric Gilliard, architecte. Louis Gindroz. Jean Giovanna, architecte, Montreux. Dr A. Girardet, Lausanne. A. Girgensen, Berthoud. Gabrielle Girod, peintre. Giuliatorres. Frédéric Godet, architecte. Ph. Godet, homme de lettres. [Egmond Gœgg, président de la Société de Géographie de Genève. Dr E. Gœtz. Prof. Charles-E. Gogler, St-Imier. Georges Golay, homme de lettres. J. Feréol-Golay. P. Golaz, ingénieur. Henry Goudet, étudiant, Genève. G. Goncet, Yverdon. P. Grandchamp. Baron de Graffenried-Villars, Château de Villars par Morat. Henri Grandgeorge, banquier. Dr Grandjean. Marguerite Grandjean. C. Grandjean. Dr Ed. Grandjean. Edm. Grandjean, fils. Louise Grandjean. Louis Græser, professeur au Collège classique de Lausanne. L. Greiner. Pierre Grellet, journaliste. Grieshaber. Mme Grimardias, coiffeuse, Genève. Louis Grisel, La Chaux-de-Fonds. Benjamin Grivel, professeur au Collège classique de Lausanne. J. Grobet, directeur de l'Office commercial. Mme Gros. Mlle Lucy Gros. Julien Gruaz. Guibentif, professeur à l'Ecole des Arts industriels. A. Guigon. Antoine Guilland. A. Guillot, pasteur. M. de Gumoëns, Dr en droit. Mme et Mlle de Gumoëns, Lausanne. Louis-S. Gunzburger, Genève. A. Güpfert, architecte. Dr P. Guisan. H. Guisan. Eve Guisan. C. Guisan. E. Guisan.

J.-E. Haberjahn, peintre, Yverdon. Hector Hæberli, technicien. Edouard Hæmmerli, arch., Lausanne. Blanche Hahn, Veytaux. Albert de Haller, pasteur. Georges Hantz, directeur du Musée des arts décoratifs. Amédée de la Harpe. Charles Hébert, artiste peintre. Henri Hébert, professeur à l'Ecole des Beaux-Arts de Genève. Jos. Heizmann. E. Henchoz, Montreux. L. Henny. C. Hentsch. Alfred Hermann. H. Hermenjat. A. Heydel, architecte. Alexandre Hirsch. Jules Hirsch, fabricant d'horlogerie, Chaux-de-Fonds. Samuel Hirsch. Ferdinand Hodler, peintre. Alfred Hœchner, Morcote près Lugano. Louis Holtz, correspondant aux Revues étrangères. A. Huguenin, directeur du *Lausanne Artistique*. Rose Huguenin-Blanc, Lausanne. F. Huguenin, architecte, Montreux. Huguenin-Boudry, décorateur-imagier. Louis Huguenin, photographe. Dr Numa Huguenin, député. Ponts-de-Martel. R. Huguenin, Berthoud. Dr C. Humbert, médecin-adjoint de l'Hôpital cantonal, privat-docent à l'Université de Genève. Charles Humbert, technicien. Mme Charles Hutter, La Chaux-de-Fonds.

Louis Imhoff. R. Inderbitz, typographe.

E. Jaccard, professeur. René Jaccard, médecin-dentiste. Samuel Jaccottet, professeur au Collège classique de Lausanne. Jacot-Guillarmod, professeur à l'Ecole des Arts industriels. Jacquenoud. Jaques-Dalcroze, musicien. F. Jaquet, négociant. Jaquet. François Jaquet, rédacteur à l'*Echo Montagnard*, Genève. E. Jaquiéry. M. Jaquiéry. John Jaquier, Genève. Jean Jasselin, architecte, Berne. M. de Jassinsky. J.-G. Jassoulaitis, Seestrasse, Zurich. Fr. Jaunin. Léon-A. Jeanneret, président de l'Association des Intérêts Mail-Jonction-Coulouvrenière. Prof. Maurice Jeanneret, Neuchâtel. A. Jeanrenaud, Motiers. H. Jeanrenaud, Paris. Mme Rachel Jeannin-Le Coultre, Villeneuve. A. Jobin, éditeur de musique. E. Joray, conseiller municipal. Eug. Jost, architecte. F. Julien. Anne Jumeau, journaliste, Yvonand. A. Juvet. Ed. Julliard, journaliste.

C. Kalbfuss et Th. Kalbfuss, architectes, Lausanne. L. Kalbfuss, peintre, Lausanne. Mlles Kayser, pianistes. G. Kernen, ingénieur. Maurice Klunge, pasteur. Ch.-A. Kœlla, peintre. André Kohler, professeur au Collège classique de Lausanne.

G. Kohler, artiste pe ntre. J. Kretz-Bettemann, imprimeur-éditeur, Moudon. Mme et Mlle Kretz. Emmanuel Kuhne, rédacteur en chef de la *Patrie Suisse*. Dr L. Kummer, professeur à l'Université. Alex. Kunz, professeur au Conservatoire. E. Kunz. Henri Kunz.

John Lachavanne, avocat. Nathalie Lachenal, artiste peintre. Mme Marie Lacour, femme de lettres. Dr P.-L. Ladame. H. Lador, professeur à l'Université de Lausanne. Robert Lædermann. Henri Læser, journaliste. Robert Lagnaz. A.-H. Lagotala. F. Lagotala. Ch. Landry. Vve E. Landry. John Landry, architecte. S. Landry. Jeanne Laurent. F. Laurent. L. Laverrière, architecte. Franz Laya. Gaston Le Cerf, architecte, Genève. Antoine Leclerc, architecte. L. Leclerc. Mlles Méry et Louise Le Coultre, Villeneuve. A. Légeret, professeur. Ph. Le Grand Roy. Jacques van Leisen, architecte. A. Le Monnier, professeur. P. Leroy. A. Lescaze. Mme J. Levaillant. Mathilde Levaillant. David Lévy, Chaux-de-Fonds. Léon L'Huillier. Maurice Liengme, antiquaire. V. Lienhard. Mme S. Livache. J. Locher. Dr Long, privat-docent à l'Université de Genève. J. Loth, professeur. G. Loumyes, Berne. L. Loup. M. Lucas, professeur. M. Lugeon, professeur à l'Université de Lausanne.

Arthur Maccagni. Louis Macon, publiciste. Alexandre Mairet, professeur d'histoire d'art, peintre. Dr H. Mallet, médecin-adjoint à la Clinique enfantine, privat-docent à l'Université de Genève. Albert Malsch, directeur de l'Enseignement primaire, professeur de pédagogie à l'Université de Genève. Mme de Mandrot. Alfred Manüel, négociant. Ch.-Gabriel Margot, rédacteur au *Messager de Montreux*. H. Marguerat, professeur au Collège classique de Lausanne. Henri Margueron, employé. Ed. Marrauld. Marschall, architecte, Genève. Ed. Martin, président de la Société pédagogique genevoise, F. Martin. Jean Martin, professeur à l'Ecole des Beaux-Arts de Genève. Charles Martinet, directeur du journal *La Suisse*. A.-M. Marullaz. J. Massaz. Paul Massetti, Louis Mattei, ciseleur, Chaux-de-Fonds. J. Massy. Jules Mathey, artiste peintre. Marc Mathey-de-l'Etang, ingénieur. Mme C.-Ed. Matile. Dr Masson. Professeur Henri Matter. A. Matthey. Gustave Maunoir, peintre. H. Mauri. Léopold Maurice, ingénieur.

Alexis Mayor. B. Mayor, professeur à l'Université de Lausanne. Jules Mayor, pasteur, Môtier-Vully. Mayrjani, professeur à l'Ecole des Arts industriels. Charles Mégard, instituteur. Joseph Mégard, peintre. Dr A. Mégevand. Mme L^s Mégevand. Gustave Mégevand, secrétaire de la Chambre de commerce de Genève. Julien Mellet, professeur. Alfred Mercier, privat-docent à l'Université. Ernest Méroz, graveur, Bienne. E. Meier-Waridel. Oscar Messerly, géomètre. J.-A. Mestral, Lavey-les-Bains. Albert Meyer, ingénieur, Lausanne. Georges Meyer, ingénieur, Lausanne. Ch.-A. Meyer, architecte. P. Meyer de Stadelhofen, président de la Ligue d'Esthétique, Hermance. Paul Meylan, instituteur, Cologny. B.-L. Michoud-Landry. de Miéville de Rossens. Veuve Fréd. Milliet. Maurice Millioud, professeur à l'Université de Lausanne. R. Mobbs, professeur, correspondant du *Studio*. Gustave Mœkly, éditeur, Genève. Mme Charlotte Mohor, artiste peintre, Genève. B. Monastier, pasteur, Belmont-sur-Yverdon. Alfred Monnier, professeur à l'Université. John Monachon, peintre. L. Molina, peintre. Jules Monard, peintre. Raoul Montandon, architecte. R.-Aloys Mooser, rédacteur à *La Suisse*. Jean Morax, artiste peintre. René Morax, homme de lettres. Adrien Morel, directeur du *Magazine*, Lausanne. Camille Morel, rédacteur de *L'Epicier suisse*. P. Morel, ingénieur, Zurich. Ed. Morerod, peintre. Eug. Moriaud, notaire. Ch. Moser. Paul Moulet, sculpteur. Gaston Mullegg, Montreux. A. Müller. Constant Muller, pharmacien. E. Muller. H. Muller, artiste peintre, Winzenberg (St-Gall). Paul Muller, médecin-dentiste, Chêne-Bougeries. William Muller, peintre. Paul Münch, ingénieur. Charles Mundinger, dessinateur, Genève. A. Muret, artiste peintre. Ernest Muret, professeur à l'Université. Maurice Muret, homme de lettres, rédacteur à la *Gazette de Lausanne*. Don Arnold van Muyden, Barcelone.

V. Nallet, gérant de l'Association des commis de Genève. Mlle Narjoud. E.-A. Naville, Hauterive-Cologny. Ch. Neuhaus, rédacteur au *Jura Bernois*, St-Imier. Elie Neury, conseiller municipal. L. Nicole, géomètre officiel. Fréd. Nicolet, étudiant, Aigle. O. Nicollier, Vevey. Carlo Novetti.

J. Oberhansli. Henri Oberthur, Lausanne. Pierre Oechslin. John Ofterdinger, industriel. Alfred Olivot, architecte. Olivet,

pasteur, Céligny. E. Olivier, mécanicien. Dr Oltramare, professeur
à l'Université de Genève. Jacques Oltramare, licencié en droit. Ch.
Orgiazzi, négociant. A. Ormond, banquier. J. Ormond, banquier.
Mme Pache. E. Pache. Henri Pache-Delessert. Alf. Pasche.
Mme et M. Henri Pasche. S. Pahnke, peintre. A. Palaz, ingé-
nieur. C. Panchoud. A. Paris, ingénieur. Gustave Parmentier,
professeur. M. Paschoud. Ch. Patois. Albert Pauchard. Emile
Paul. Mme E. Paul. Alice Payot, Vevey. Edouard Payot, direc-
teur. Gustave Payot, éditeur. Mme R. Payot-Martinet, Lausanne.
Samuel Payot, éditeur. Emm. Péclard, pasteur. Marie Péclard,
Villeneuve. Georges Peloux, architecte. A. Penéveyre. J. Perey.
Dr Perrenoud. Adolphe Perret. Ch. Perret. J. Perret. M. Perret.
P. Perret. L. Perret-Musy. H. Perret. Jean Perret, fabricant,
Les Brenets. Paul Perret, rédacteur à la *Tribune de Lausanne*.
Dr Charles Perrier, chirurgien-adjoint de l'Hôpital cantonal, pri-
vat-docent à l'Université de Genève. M. Perrin, professeur. Marius
Perrin, inspecteur. Germaine Perrin, Lausanne. J. Perrochon,
instituteur. Ed. de Perrot, pasteur. C.-A. Perrot, instituteur.
Mme Marie Perrot. François Perroux, président de l'Association
catholique ouvrière de Genève. Mme Petitbrachard. H. Petitmaître.
L. Petitmaître. Louis Petitpierre, négociant, Genève. Louis Pezet,
coiffeur pour dames, Genève. Claire Pfeiffer, La Tour-de-Peilz.
Oscar Philippe, San Francisco. E. Piaget. Ed. Piaget. M. Piaget.
Mme F. Picard. Adrien Piccioni, géomètre agréé. Ch. Piguet-
Fages, conservateur du Musée de l'Ariana, à Genève. Ernest
Pilet, pasteur, Romainmotier. Henri Pilet. Mathilde Pilicier.
Mme Piquerez. John Pisteur, curé national. Eug. Pittard, con-
servateur du Musée ethnographique de Genève. Planque. Plojoux,
professeur à l'Ecole des Arts industriels. L. Plumettaz, libraire-
imprimeur, Payerne. Antony Pochon. Henry Poggi. Paul Pomel.
E. Poncet, Boulevard du Théâtre, Genève. J.-B. Pons, secrétaire
du Conseil municipal de Genève. Jean-Pierre Porret, profes-
seur, Neuchâtel. Francis Portier. Camille Pourrat, fabricant.
L.-L. Pricam, photographe. Dr Amédée Pugnat. Mme A. Py-
Frommer, Vevey.

L. Quillet, architecte, Lausanne.

Frédéric de Rabours, avocat et député, Genève. Jules de

Rabours, Genève. Madeleine Rahm, Veytaux. Léon Raisin, architecte. Fritz Ramseyer, architecte. Léon Randin, membre de la Presse suisse. Dr O. Rapin, avocat, Lausanne. Ferdinand Rau, directeur de l'Hôpital ophtalmique. Ed. Ravel, professeur à l'Ecole des Beaux-Arts de Genève. E. Regamey. Edouard Regel, fils. J.-L. Reichlen, publiciste. Ernest Renard. Jules Renevey. Reverchon. Dr Reverdin. Eugène Revuz, professeur. G. Revilliod, architecte. Gustave Reymann, instituteur. Dr Reymond, avocat. J. Reymond-Chenevière. Ch. de Rham. Louis Rheinez, artiste peintre. Louis Richard, étudiant, Genève. Anna Riederer, Wurtembergeoise. Ch. Ritter, artiste peintre. Eugène Ritter, professeur honoraire. G. Ritter et B. Ruggia, à Morcote-Lugano. E. Ritzchel, avocat, Genève. Mme L. Ritzenthaler, sage-femme, Genève. Bertoli [Rizière. Georges Rizzi, dessinateur, St-Imier. Jules Robbaz, Carouge. Albert Robichon. Clotilde Roch, artiste sculpteur. M. et Mme Alfr. Rochat-Philippe. J. Rochat. N. Rochat. Mme Rochat-Burdin. Léopold Rochat. E. Roche, de l'Association des littérateurs indépendants. Tonny Roche, rédacteur en chef du *Genevois*. Henri Rochty, médecin-dentiste, Nyon. Edouard Rœhrich, pasteur. Antoine Rogeat, industriel. Noëlle Roger. Louis Rolando. Mme Alphonsine Rollard. Eugène Rollard. Mme veuve Rollard, Genève. G. Rolli, Berthoud. Dr Ch.-Albert Rossé, Berne. Dr Ed. Rosselet, médecin-chirurgien, Interlaken. Edmond Rossier, professeur à l'Université de Lausanne. A. Rotaz, architecte, Lausanne. Dr Aug. Roud, professeur à l'Université de Lausanne. Marcel Rouff, historien. Francis Rouge, éditeur, Lausanne. Alfred Roulet. F. Roulet. Mme Roulet. Ernest-Emile Roulin, archéologue. Dr W. Roulier, Baulmes. Louis Roussy. Mme Rueg, inspectrice des écoles. M. Ruegger.

Charles Saillen. Pierre Salvotti. Paul Sarasin. D. Sarkissof, professeur à l'Ecole des Beaux-Arts de Genève. Maurice Sarkissof, statuaire. Albert Sauter, régent secondaire, Satigny. Horace de Saussure, artiste peintre. Alice Savary, Genève. F. Savary. M. Schenker. Ed. Schlutter, graveur. V. Schlütter, Travers. Charles Schumann, Echallens. Albert Schmidt, artiste peintre. Aug. Schneegans, professeur de diction. Albert Schneider, dessinateur-architecte, Lausanne. Schnell, architecte. L. Schopfer,

Yverdon. Louis Scossa-Roggi. Fréd. Schwab. F. Seidenfadeu, pharmacien, Berthoud. Dr A. de Seigneux, professeur. Paul Seippel, homme de lettres. Robert Serex. Amélie Serment. J. Serraillon, employé. Jean Sigg, député au Conseil national. A. Silvestre, professeur à l'Ecole des Beaux-Arts de Genève. Aug.-Ls. Simon, propriétaire de l'«Hôtel Suisse» de Ste-Croix. Fréd.-W. Simond. Abbé Raoul Snell, rédacteur en chef du *Courrier de Genève*. Société de Belles-Lettres. Société genevoise de l'Instruction mutuelle. René Soïni. Paul Sokoloff, Chêne-Bougeries. Noémi Soutter, élève de l'Ecole de Londres. A. Soutter. F. Spielmann, médecin. Henry Spiess, Gryon. Henri Steiner. Dr H. Stœcklin, Berthoud. M. Stœssel. Rodolfo Stœssel. Jane Strohl, Bâle. Serge-Raymond Strohl, Bâle. Victor Strohl, Bâle. Georges Summermatter, ingénieur, Lausanne. A. Süss, directeur de l'Hôpital cantonal de Genève.

Jean Taillens, architecte, Lausanne. Mme Taminiau, Genève. Constant Tarin, libraire-éditenr. A. Taverney, professeur au Collège classique de Lausanne. Vidal Terracina, membre des Amis de Paris. Teulet, industriel, Vich (Vaud), H. Thélin, pasteur. Thévenaz, architecte. E. Thévenaz. Paul Thévenaz. Frank Thomas, pasteur, Genève. C. Thuïs. Charles Tierque. K. Timenovitch, pharmacien-chimiste. Félicien Tinguely. Dr Tissot, docteur en médecine. G. Tissot. Mme Tornblad. Touring-Club Suisse. Georges de Traz, peintre. Fréd. Treuthardt, étudiant en médecine, Lausanne. Dr de Trey. G. Treyvaud. Jules Treyvaud, marbrier-sculpteur. Tschanze. G. Tüetey, professeur, Verrières-Suisses. Dr A. Turian.

Hilaire Uhlmann, négociant, Genève.

Edouard Vallet, artiste peintre, Vercorin-sur-Sierre. A. Vallotton. Paul Vallotton, pasteur, Lausanne. Adèle Vanat-Favre. Louis Vanat-Favre. J. Vaney, directeur, Genève. Robert Vannay, dessinateur, Lausanne. Robert Vaucher, correspondant romain de l'*Illustration*, Rome. F.-J. Vernay, professeur à l'Ecole des Beaux-Arts de Genève. James Vibert, professeur à l'Ecole des Beaux-Arts de Genève. Dr Veyrassat, professeur à la Faculté de Médecine. Mme et M.-A. Vial-Piccard. J.-H. Verrey, architecte, Lausanne. André Vicrne, rédacteur en chef de la *Tribune de*

Lausanne. E. Vincent, peintre. Antony Vincent, pasteur. Georges Viollier, homme de lettres. J. Viret, Lausanne. Henri Vollenweider. Louis Vuagnat, notaire et député. A. Vulliemin, rédacteur. Dr Henri Vulliet.

G. Wagnière, directeur du *Journal de Genève*, A. Wanner. C. Waridel. J. Waridel. L. Waridel. Mme Weill. Léontine Weiss. Dr A. Wellauer, professeur. André Welti. Dr Welti. Paul-Ernest Wenger, correspondant de journaux suisses, Bâle. Albert Welter, Fleurier. Maria Welter, Fleurier. Jeanne Widmer, institutrice, Môtier-Vully. Ferdinand Wiesand. Albert Willemin, horloger, Bienne. Laure Willemin, Bienne. Emile Wilmot.

Emile Yung. Louis Yung, professeur.

Ch. Zaut, ingénieur. Marc Zbinden, conservateur du Grand-Théâtre de Genève. H. de Ziegler. H. Zimmermann. Jules Zumthor, architecte. Paul Zutter, chef de bureau C. F. F., Lausanne. Louis Zwahlen, industriel, Lausanne. Zweigart.

ETATS-UNIS

Liste de protestation des écrivains des *Etats-Unis*, contre
« the destruction by the Germans of monuments and works
of art which are the patrimony of civilized humanity. »

J. Mowbray Clark
William Pean Howells
Robert Underwood Johnson
Edwin Markham
Upton Sinclair
Lincoln Steffens
William English Walling

UN APPEL A L'ACADÉMIE AMÉRICAINE
DES ARTS ET DES LETTRES

M. Whitney Warren, l'éminent architecte américain dont on
connaît les énergiques protestations contre le bombardement de
la cathédrale de Reims, adresse au président et aux membres de
l'Institut américain des arts et des lettres, à New-York, un appel
dont voici les principaux passages :

Avant qu'il soit trop tard, j'attire, par votre entremise,
l'attention du peuple américain sur ce que j'ai pu constater,
afin, s'il est possible, de sauver quelque chose de sacré et
de beau dans les pays encore occupés par les Allemands.

La destruction d'Ypres était d'une inutilité absolue. La
ville n'avait aucune importance militaire. La seule raison

qu'on puisse attribuer à cet acte de vandalisme, c'est la rage des Allemands de n'être pas parvenus à s'y établir. Les vastes quartiers des résidences ont été détruits, et cette merveille, les Halles des drapiers, un des trésors de l'art gothique flamand, un monument grandiose par ses proportions et par ses souvenirs artistiques et historiques, est une ruine qui défie à jamais tout espoir de restauration. La cathédrale, d'une noblesse si majestueuse, est dans les mêmes conditions. Le musée, avec tous ses trésors, a été également brûlé.

Il n'y avait pas, je le répète, d'excuse stratégique à ces destructions. Le général Foch, de l'armée française, et le général Douglas-Haig, de l'armée anglaise, sont absolument dans l'impossibilité de trouver une raison pour comprendre la bassesse misérable de cet acte.

Arras est dans les mêmes conditions malheureuses. L'ennemi avait occupé la ville pendant quatre jours, et c'est en s'en allant qu'il l'a détruite. La place charmante construite pendant l'occupation espagnole et l'hôtel de ville, avec son beffroi, incomparable de beauté et d'harmonie, ne sont plus que des ruines glorieuses. Ce travail des générations, inspiré par l'amour et gardé par les traditions de ses citoyens de tout temps, est annihilé. J'ai constaté personnellement que les troupes françaises n'occupent pas la ville. Néanmoins, le jour où j'étais là, les Allemands ont encore bombardé la cathédrale.

Vous êtes au courant du bombardement de Reims et du sort de maints villages, inoffensifs, dans l'Argonne, la Meurthe, l'Aisne et les Vosges, derrière lesquels les Allemands ont été chassés et qu'ils ont dévastés au delà de toute description et de toute imagination.

Le code pratiqué par les Allemands est absolument dépourvu d'honneur, de décence ou de pitié. Je ne dis pas ceci contre le peuple allemand. Tous les généraux avec qui je me suis entretenu sont d'avis que probablement le soldat allemand est de la même mentalité que celle des alliés. C'est à la tête, c'est aux chefs du despotisme militaire allemand que je répète ceci : les Allemands ont un code systématique de destruction, de terreur, et des instruments fabriqués pour le mettre en vigueur et *par ordre*, ceci contrairement à tous les traités, conventions, concernant les lois de la guerre, signés par nous, Américains, aussi bien que par eux, aux conventions de la Haye et de Genève et strictement suivis par les alliés.

Comment les alliés se conduiront-ils en arrivant en Allemagne, au moment des représailles ? Sur ceci, je suis convaincu qu'ils se comporteront comme des hommes, comme des soldats. Galliéni, Castelnau, Foch et autres avec qui j'ai causé, sont absolument catégoriques et se portent garants pour leurs hommes : « Il n'est pas dans nos idées de faire la guerre de cette façon ; nos hommes se conduiront comme ils le doivent. » Ces généraux sont des guerriers et des généraux sont des guerriers et des gentilshommes ; il faut ajouter foi à ce qu'ils disent.

N'est-il pas possible, pour notre peuple, de s'organiser et de protester par notre président, auprès de celui qui inspire toute cette dévastation misérable ? Le général Douglas Haig m'a dit, il y a trois jours : : « Il est trop tard pour protester, le malheur est déjà accompli. » Oui, mais il reste Gand et Bruges, Bruxelles et Anvers, Laon, Noyon et Saint-Quentin, qui contiennent des trésors innombrables et précieux, peut-être surtout pour nous, qui avons tant besoin d'inspirations et de traditions.

Pour l'amour de tout ce que nous avons de beau en nous,

pour l'honneur de notre signature, n'est-il pas possible
d'insister pour que les conventions et les traités auxquels
nous sommes liés soient observés? Ou alors n'avons-nous
donc plus de sang dans les veines?

Croyez-moi votre très obéissant.

WHITNEY WARREN.

(*Le Temps* du 20 décembre.)

ITALIE

APRÈS LA DESTRUCTION DE LOUVAIN

Les soussignés, journalistes italiens, douloureusement émus par la nouvelle de la destruction de la ville de Louvain, expriment leur protestation ; et, sans prétendre d'aucune façon manquer aux devoirs moraux et politiques que la neutralité déclarée de l'Italie impose à chaque citoyen italien, ils invitent tous ceux qui se sentent d'accord avec eux à envoyer, avec leur protestation, leur carte de visite à la légation de Belgique à Rome.

D. Baldacchini	E. Tedeschi	G. Quadrotta
F. Ciccotti	G. Volpe	F. Franchi
L. Coen	G. Zambelli	G. Mammoli
A. Gherardelli	G. Amendola	A. Bergamini
G. Lignori	C. I. Falbo	A. Bacchiani
G. Marini	A. Cianca	G. de Nava
A. Novaga	L. Bottazzi	A. Russo
R. Olivi	G. Civinini	G. Diotallevi
F. Paoloni	T. Valenti	B. Bonaretti
A. Profili	R. Garinei	N. Battistone
M. Ravasini	N. Quirici	V. Enrico.
E. Rebulla	A. Cippico	R. Guerra
B. Rinaldi	V. Guayda	
C. Scarfoglio	G. Cassola	

APRÈS LA DESTRUCTION DE LA CATHÉDRALE
DE REIMS

Le 26 septembre, sur l'initiative de l'*Associazione artistica internazionale* de Rome, eut lieu dans les salles de l'Association, une réunion solennelle de protestation contre la destruction de la cathédrale de Reims. Avaient donné leur adhésion, toutes les Sociétés artistiques et les Universités populaires italiennes, un nombre considérable de littérateurs, d'artistes et d'hommes politiques, parmi lesquels les honorables Bissolati, Celli, Lucifero, Ciappi, Gallonga, Barzilaï, les sénateurs Pasquale Villari, Monteverde, Volterra, Pompeo Molmenti. Après des discours applaudis du prince de Cassano, de l'ing. Lanino, de l'avocat Serrao, de Arduino Colasanti, de Cesare Bazzani, l'ordre du jour suivant a été voté, avec acclamations :

Les représentants des Universités, des Académies, des Instituts d'art, des Musées, des Pinacothèques, des Conservatoires musicaux du royaume, des Associations d'art et de culture, et beaucoup d'autres — sénateurs, députés, homme de science, artistes — réunis en assemblée solennelle, sur l'initiative de l'Association Artistique Internationale ;

Considérant que déjà dans les Conventions internationales a été solennellement reconnue, ainsi que l'intégrité sacrée des hôpitaux et de la Croix-Rouge, celle des monuments artistiques ;

Protestent hautement pour la violation de tels principes et du culte de la beauté consacrée depuis des siècles, par le bombardement d'un des plus grands chefs-d'œuvre de l'architecture et de la sculpture gothi-

*ques du monde, et font appel non seulement à toutes
les puissances neutres, afin qu'elles cherchent par tous
les moyens à faire respecter les conventions internationales, mais à la nation allemande elle-même, afin qu'elle
respecte ces monuments qui n'appartiennent pas à un
peuple, mais à toute l'humanité.*

LETTERATI ED ARTISTI ITALIANI
CONTRO LA BARBARIE TEDESCA A REIMS

L'eco che la distruzione della cattedrale di Reims ha
avuto in tutto il mondo civile si traduce in vibrate proteste
di letterati ed artisti d'Europa e d'America. La guerra è di
per se stessa atroce ed è già uno sperpero enorme di vite, di
richezze, di beni perchè si debba aggiungere al suo triste
bilancio anche l'annientamento di opere di bellezza come la
antichissima cattedrale di Reims, gloria dell'arte francese,
gioia di tutti i cultori dell'arte.

In Italia, dove il culto delle cose artistiche è, qualunque
cosa si voglia affermare in contrario, vivissimo e geloso,
dove per rispettare una casa del quattrocento o del cinque-
cento si lasciano interi quartieri cittadini in uno stato di
abbandono deplorevole, dove intorno ad un affresco d'ignoto
autore si versano — ed è l'esagerazione — fiumi d'inchiostro
e si accendono polemiche appasionate, in Italia, diciamo, il
nuovo vandalismo tedesco ha destato sdegno, orrore, commo-
zione. E non possiamo esimerci dal pensare con raccapriccio
a ciò che potrebbe accadere nel nostro paese, così ricco di
monumenti d'ogni età e d'ogni stile, se un'invasione stra-
niera, stile germanico, traboccasse dalle Alpi per le pianure
e le colline nostre!

Le proteste contro la distruzione della cattedrale gotica di Reims sono, come abbiamo detto, molte e vibrate. La *Gazzetta del popolo* di Torino, mentre le accademie e gli istituti d'arte protestano per conto loro, ha interrogato i maggiori artisti e letterati italiani e pubblica nel suo numero d'ieri le risposte che le sono parvenute. Ne riproduciamo alcune :

Di *Luca Beltrami* :

La distruzione della cattedrale di Reims fa traboccare dall'intimo dell'animo l'augurio : Dio conceda la vittoria alla Francia !

Di *Davide Calendra* :

Che cosa posso dirle ? Ogni giorno loggiamo fatti di una enormità inconcepibile, quasi realtà di sogni d'incubo. La triste celebrità di Attila è ormai offuscata nella storia. Egli nacque in tempi *barbari* senza conforto di esplosivi. Quindici secoli di progresso ranno la superiorità all'Emulo. Rallegriamoci almeno che gli artiglieri d'Italia sanno troncar le antenne dei pennoni sulle navi nemiche, e risparmiar le moschee. Il gran popolo tedesco, per dimostrare la sua potenza, ha bisogno di bersagli più ampi e più preziosi. Vorrei sapere che cosa ne pensano gli artisti protetti dal Kaiser. Udremo la loro voce nel coro d'idignazione che si solleva in tutto il mondo civile ? Speriamolo, per l'amore, per l'onore di quell'arte, che non ha frontiere.

Di *Alessandro D'Ancona* :

La distruzione dei venerandi monumenti dell'arte e della storia equivale ad una sconfitta clamorosa sui campi di battaglia, ed è tanto più grave perche chi la commette è popolo benemerito della civiltà e degli studi.

Di *Pietro Canonica* :

Fui a Reims parecchio tempo ed ogni ora libera la passavo in quel tempio meraviglioso che non è più ! Nessuna fotografia, nessuna descrizione potrà mai dare neanche una pallida idea del profondo misticismo in cui l'anima era obbligata a rinchiudersi, varcandola soglia di quel tempio. Chi non ha veduto la grandiosità delle sue navate, l'eleganza ed imponenza dei suoi archi, la sua luce misteriosa, quasi tragica, non saprà immaginare mai quanta potenza d'espressione e di mistero l'ingegno umano e la fede abbiano potuto concentrare in una forma architettonica. Nulla può scusare l'odierno vandalismo, e chi ne fu l'autore deve essere maledetto da Dio e dagli uomini, perchè è necessario che la civiltà, se veramente è degna di tanto nome, usi la spada a difesa della giustizia, ma non l'impugni per la brutalità e la distruzione del bello. Per la conoscenza che ho di molti tedeschi della loro alta coltura e profonda adoriazone per l'arte sono certo che questa usurpazione di ogni diritto troverà un'eco di biasimo e di dolore nei loro cuori, perchè il militarismo imperante della Germania di oggi non devesi confondere col sentimento di una nazione che fu quella di Goethe, di Beethoven e di Wagner.

Di *G. Cesareo :*

Dopo l'eccidio di Liegi, la distruzione di Lovanio e il bombardamento di Reims, capisco perchè Heine si vergognasse di confessarsi tedesco.

Di *Diego Angeli :*

Quello che sembrava inconcepibile ad una mente italiana è stato compiuto. La cattedrale di Reims è stata distrutta dai tedeschi. E dico deliberatamente tedeschi e non barbari, perchè nessun barbaro mai avrebbe osato un simile misfatto. Teodorico entrato in Roma conquistata promulgò un editte sulla conservazione dei monumenti ; Maometto II, espugnatta Costantinopoli rispettò la basilica di Santa Sofia... E non vogliono essere chiamati barbari, e i loro professori, i loro uomini politici, i loro giornalisti scrivono ai nostri professori, ai nostri uomini politici, ai nostri giornalisti per dimostrare che sono civili e che vanno alla guerra portando nello zaino i poemi di Omero e di Goethe. Ma dopo Louvain, dopo Malines, dopo Senlis hanno distrutto Reims, hanno annientato cioè una delle più fulgide pietre miliari della civiltà umana e raso al suolo non già una chiesa di pietra e di marmo, ma un cimelio venerabile che meritava tanto più grande rispetto in quanto tutte le genti civili avevano attitinto di là un poco della loro gloria. La statue di Reims non erano soltanto francesi, ma erano tedesche, erano italiane, perchè la Germania e l'Italia avevano verduto in esse il primo bagliore della loro rinascita. Ora di fronte a questo atto mostruosa compiuto da ufficiali riparati nelle loro casematte e non già da soldati ebbri di strage, dinanzi a questo rivoltante agire da bruti, gli uomini civili del mondo hanno il dovere di trattare costoro come bruti.

E Pompeo Molmenti, Lodovico Pogliaghi et Guido Cirilli hanno risposto collettivamente con questo grido :

Al confronto i Vandali erano mansueti e civili.

(*Secolo*, 24 septembre.)

HOLLANDE

FREDERIK VAN EEDEN

Walden, Bussum (Hollande)

A mes chers Flamands.

Si ma voix peut encore arriver jusqu'à vous dans votre angoisse, je veux vous adresser un salut. Il est encore proche de ma mémoire, le temps où j'étais parmi vous, où je parlais dans vos conférences, où je jouissais de votre hospitalité. Et maintenant!... Voici que ces belles villes, ce peuple pacifique, ce pays délicieux, ont été attaqués, violés de la manière la plus cruelle, sans justice, sans nécessité... Voici qu'ils ont subi l'offense de l'ennemi et ont été réduits à la dernière extrémité!

Je ne puis vous aider par des actes. Je sens mon impuissance; mais la pensée des maux qui vous affligent ne me quitte ni le jour ni la nuit et trouble mon sommeil. Cependant, voici quelques mots pour vous ouvrir mon cœur et pour vous offrir quelque consolation dans votre lourde détresse.

Ceci est ma ferme opinion : Vous, la Belgique, c'est vous qui avez vaincu, dans le sens le plus haut, et nulle victoire matérielle de l'usurpateur ne saurait annuler votre victoire.

Qu'a dit le gouvernement allemand (car le grand peuple allemand n'est pas responsable de ce langage) pour justifier son acte de violence? Que l'Allemagne était dans l'absolue nécessité d'agir comme elle l'a fait, et que Nécessité ne connaît pas de loi ! L'existence de l'Allemagne était en jeu ; il s'agissait de se défendre contre l'agression de la tyrannie russe, et devant cette nécessité, l'intérêt minime de la Belgique devait céder...

Les faits des mois passés ont montré la fausseté de ces paroles. Ce n'était pas l'Allemagne, c'était la Belgique qui était en cas d'absolue nécessité. Il ne s'agissait pas, en effet, de l'existence de l'Allemagne. Qui pourrait jamais exterminer une nation de 70 millions d'hommes? Quelle sottise ! Il y va, au contraire, de l'existence de la Belgique. Et pourtant, malgré cet immense danger, la Belgique n'a jamais manqué à son devoir *(Gebot)* de loyauté et d'honneur. Ainsi, la petite Belgique a fait ce que l'Allemagne puissante avouait ne pas pouvoir faire : elle a maintenu la loi et la justice, étant *in höchster Not*. Par cela, la Belgique a prouvé qu'elle maintient, au prix de souffrances inouïes, une morale sociale plus haute que celle de l'Allemagne. Et c'est pour cette raison que moi, Hollandais, j'aimerais mieux appartenir à la nation belge foulée aux pieds qu'à l'Allemagne arrogante et puissante.

Tous les peuples implorent l'aide de Dieu, maintenant ; mais aucun peuple n'en a plus le droit que le peuple belge. Le Dieu des plus gros bataillons et de la meilleure artillerie aidera votre adversaire. Mais je crois en un Dieu de Justice et d'Amour. Celui-là se fait souvent attendre, et il ne nous ménage pas les souffrances. Mais, à la longue, c'est lui qui nous donne la vraie vie spirituelle ; et qu'importe alors que ce soit au prix de tous nos biens matériels !

De cette guerre, vous, les Belges, vous sortirez meilleurs et plus forts. Que votre ennemi gagne des biens et de l'or, vous avez gagné des avantages moins éphémères et d'un plus noble aloi. Soyez tranquilles, confiants et forts dans votre détresse. Soyez pour nous, qui avons été épargnés, l'exemple de la patience virile, et croyez à mon admiration ardente et à ma sympathie.

FREDERIK VAN EEDEN.

(Publié dans le *Handels-Blad von Antverpen* et dans tous les journaux hollandais ; trad. française de M. Henri Borel.)

PORTUGAL

LA PROTESTATION DU PORTUGAL
CONTRE LES VANDALISMES TEUTONIQUES

présentée à MM. les ministres de Belgique et de France,

devant un très important cortège
des principales corporations nationales et du peuple de Lisbonne,
le 4 octobre.

Excellences :

Parmi les symptômes que la science criminologique signale, on ne doit pas prendre seulement les cas isolés de folie morale inguérissables : il y a aussi des cas morbides collectifs où cette folie, par les diverses phases dont le malade est atteint, conduit aux résultats les plus funestes et les plus désastreux.

L'Allemagne constitue un cas typique de folie morale, caractérisé par la mégalomanie et par les tendances criminelles, aggravées par un manque de scrupules exagéré. Tacite disait que les Germains se poignardaient sans motif.

Et, en effet, ils ont toujours manifesté des instincts pervers, mis au service d'une ambition démesurée. Les conséquences ont été constatées par les invasions qui ont ensanglanté et fait reculer l'Europe Occidentale. La plus terrible a été celle qui a amené la ruine de la civilisation romaine et l'anarchie du moyen âge féodal.

Et, comme si ce n'était pas suffisant la poussée d'atavisme pour considérer l'Allemagne un péril permanent international, il y a encore quelques-uns de ses philosophes qui proclament l'immorale doctrine que le « Succès fait

Loi »; quelques-uns de ses pédagogues inculquent par l'éducation les principes égoïstes de la subordination du monde entier à ce néfaste empire ; beaucoup de ses hommes politiques préconisent la devise dissolvante « La force prime le droit »; plusieurs de ses écrivains militaires soutiennent, sans la moindre base, la raison d'être de l'anéantissement complet des pays ennemis.

Les résultats de cette orientation et les manifestations de cette infériorité se découvrent maintenant, une fois de plus, constatées par les atrocités monstrueuses commises par le vandalisme allemand, avec une audace systématique et un mépris cynique du droit et des Conventions Internationales, dans ce qu'elles ont de plus noblement humain, ainsi que des principes d'honneur. Les hôpitaux, les blessés, les existences des vieillards, des femmes et des enfants, la propriété privée, les richesses artistiques et bibliographiques précieuses ont été, avec férocité et lâcheté, sacrifiées à un vilain idéal de destruction, d'assassinat et de pillage.

Et, pour s'assimiler en tout aux barbares conquérants, les Teutons ont réduit à un triste esclavage les citoyens pacifiques qu'ils ont arrachés des villes, détruites par eux, sans gloire.

L'âme portugaise a été profondément émue par ces étranges et monstrueux attentats à la civilisation moderne. Notre âme vibre aussi dans une race de héros, mais des héros qui arrachèrent des mystères de la légende et de l'inconnu les régions du globe les plus étendues, sans avoir jamais fait de la guerre une ressource économique, ni de la noblesse des armes s'en être servi pour écraser par des contributions des villes vaincues, ni avoir transformé la vaillance en brigandage, en destruction et assassinats. Au contraire, notre âme s'est dévouée au saint apostolat d'attirer à cette civilisation les peuples qui contribuèrent beaucoup à sa grandeur et à son développement.

Pour cela, Monsieur le Ministre, les Académies des Sciences, les Ecoles Supérieures, les associations scientifiques, littéraires et artistiques, la Maçonnerie, la Presse, la Ligue Anti-Germanique, les groupes agricoles, industriels, commerciaux, ouvriers, et d'autres collectivités dédiées à la défense et au progrès du Portugal, réunis, par une vibration unanime de révolte, viennent offrir à Votre Excellence sa plus indignée, chaleureuse et solennelle protestation contre les crimes horribles dont ont été le théâtre la Belgique et la France, spécialement pour la destruction de la Bibliothèque de l'Université Catholique de Louvain et de la Cathédrale de Reims, crimes qui, pour toujours, souilleront le prussianisme devant le tribunal incorruptible de l'histoire.

Le Président du Comité Exécutif :
THEOPHILO BRAGA.

Les Vice-Présidents :
MAGALHÃES LIMA,
ALFREDO SCHIAPPA MONTEIRO,
ANTONIO CABREIRA.

Les Secrétaires :
MARINHA DE CAMPOS,
AUGUSTO ANTONIO PEDRO DOS SANTOS.

Les Membres :

JOSÉ DA COSTA PINA,   NOGUEIRA DE BRITO,
JORGE SAAVEDRA,   MATTOS SEQUEIRA,
J. CARDOSO GONÇALVES,   JOÃO CARLOS MARQUES,
RAUL DE ALMEIDA,   ARMANDO SIMÕES,
EDUARDO SANTOS.

RUSSIE

LA CATHÉDRALE DE REIMS

. . . .

A propos des vers de Rostand.

Les vers dans lesquels Rostand a chanté la destruction de la cathédrale de Reims, nonobstant leur éclat extérieur, sacrifient à la phraséologie qui caractérise l'auteur de la *Princesse lointaine*. Toutefois, il paraît bien que l'heure actuelle est favorable même aux « Rostand » qui ont à exprimer des pensées d'une originale beauté. L'air est si saturé d'orage mystique que les éclairs de l'esprit de vie frappent même les rhéteurs et obscurcissent les idées des esthètes les plus échevelés. Le fait seul qu'il s'est trouvé un Rostand pour bénir la destruction de la cathédrale de Reims est, à mes yeux, un phénomène surprenant et magnifique. Et si la France, dans son ensemble, s'associe ardemment à cette «bénédiction», nous serons en présence de la plus grande révolution de la psychologie de l'art, dans les rapports de l'homme avec l'art. Car, vraiment, à la question s'il convient de déplorer la destruction de la cathédrale de Reims ou de s'en réjouir, on ne peut répondre qu'en montrant les antiques martyrs chrétiens, dont la mort est considérée comme une grande joie, comme la manifestation suprême de la grâce divine. Et plus les hommes martyrisés furent beaux, plus leur fin fut belle et leur sacrifice fécond.

Il est de fait que les Allemands, en détruisant la cathédrale de Reims (et combien d'autres monuments moins cé-
lèbres, dont l'énumération ici est impossible), ont signé par
cela même l'arrêt le plus cruel pour la condamnation de
leur fameuse culture. Après ces exploits, personne au monde
ne peut conserver une illusion quelconque sur le compte de
cette civilisation que le régime militariste prussien «porte
dans son sein», qui est sa substance même et qui, hélas !
est devenue pendant ces dernières années, la caractéristique
de l'Allemagne entière. Personne non plus ne voudra plus
croire à la culture personnelle de Guillaume et de son reje-
ton. Une fois la guerre terminée, la Germanie de Guillaume
s'effondrera et l'Allemagne véritable, dessaoulée, rentrera
en soi-même et sera saisie d'épouvante devant les atrocités
que ses fils ont commises sur des innocents ; sa terreur aug-
mentera encore en présence du vandalisme exercé sur ce
qui était le patrimoine sacré de l'univers, sur ce qui, non
seulement ne pouvait nuire, mais contribuait à enlever les
âmes, par la prière, vers le Père de tous. La vue des ruines
de Reims percera le cœur de l'Allemagne d'une honte brûlante, qui la fera redevenir noble et la purifiera par les
tourments du repentir.

Et nous tous, bien que nous ne soyons pour rien dans
cet acte de brutes, les ruines de la cathédrale de Reims
donneront à nos âmes une haute leçon.

N'est-ce pas, en effet, un miracle tangible que la dévastation d'un édifice, quelque part, dans la province française,
d'un temple affecté à une religion spéciale et étrangère à
une masse de gens, d'une cathédrale du sacre où l'on ne
verra plus s'accomplir le mystère d'un couronnement royal,
que la destruction de ce bâtiment éveille dans les cœurs du
monde entier un écho profond, réunisse dans un même cha-

grin les hommes aux croyances les plus différentes et des races les plus opposées? Nous sommes émus non parce qu'un vieux monument, rare et exquis, a été détruit; la science n'y subit pas une perte énorme, car il y a long-temps qu'elle avait pénétré tous les secrets enfermés dans les pierres de la cathédrale de Reims. Nous sommes émus, et le monde entier avec nous, par la perte d'un organisme en quelque sorte vivant, qui cristallisait les prières et les portait au ciel. Dans la cathédrale de Reims le moyen âge s'élevait au dessus de l'art des anciens et le christianisme remportait la victoire finale sur le paganisme. Rostand ne voit qu'à présent un «Parthénon» dans la cathédrale de Reims. Mais elle était un véritable Parthénon chrétien avant de tomber en ruine, elle le fut dès l'époque de sa construction. L'harmonie de ses formes, les motifs archi-tecturaux qui se développaient sous ses voûtes, l'extase qu'inspirait la vue de ses rangées de statues, tout cela con-tribuait à faire un véritable plain-chant, une sorte de mu-sique qui saisissait puissamment l'âme la plus sceptique, qui courbait les hommes les plus obstinément hautains, une langue compréhensible à l'âme la plus sage, ainsi qu'à la plus fruste.

Les esthètes et les archéologues, en disséquant à l'aide du scalpel scientifique, le cadavre de l'art antique, se sont mis à nous enseigner l'anatomie et à le réduire en formules mathématiques, en deux fois deux font quatre. A leurs yeux, l'art gothique était quelque chose de semblable à un recueil de problèmes ingénieux, publiés par des professeurs supérieurs d'arithmétique. En particulier, les archéologues démolissaient d'un cœur léger ce qu'avait respecté le temps, à seule fin de satisfaire leur curiosité, portant sur «ce qui avait existé antérieurement». Plus dangereux encore se révélèrent les restaurateurs qui, s'appuyant sur les esthètes et les archéologues, s'essayaient à « recréer », ajoutaient leur maturité savante, « puisée dans les manuels », à ce qui exigeait en premier lieu la communion avec Dieu, la prière.

Les esthètes gâtèrent beaucoup de choses, dans cette même France, à commencer par ces hommes « de goût » qui, au siècle de Louis XIV, se mirent à corriger « les monuments de l'architecture barbare », empressés qu'ils étaient de mettre de l'ordre dans un chaos génial, créé par les prières et les ferveurs amassées par les siècles. La manie d'ordre de cette époque fit disparaître, par exemple, le labyrinthe de la cathédrale de Reims et tout ce qui dans Notre-Dame de Paris en faisait un musée sacré de l'histoire de France. Toutefois, ils nuisirent encore plus ces gens qui, étouffant en soi les éléments mêmes de l'art, se vouèrent au raccommodage des vieux monuments, exclusivement d'après des données scientifiques. Oh ! ces vandales ! ces « artistes » ! grâce à qui le mot d'architecte est devenu le synonyme de quelque chose de tout à fait contraire à l'art, ces vandales ont détruit, certes, plus d'œuvres merveilleuses que le saccage actuel et ils n'ont absolument rien produit de nature à provoquer la plus petite admiration véritable.

On se propose maintenant de reconstruire la cathédrale de Reims. Pour décider, en connaissance de cause, jusqu'à quel point on doit réagir contre ce projet, il faudrait savoir précisément dans quel état se trouvent aujourd'hui les ruines. Il va sans dire si la destruction se réduit à ce que les voûtes se sont écroulées dans la nef, que quelques colonnes et quelques pinacles se sont détachés des tours, qu'une partie des statues dressées sur les côtés des principaux portails, et qui réservaient au visiteur un « accueil » si amène, ont été privées de leur tête, il faut procéder à la restauration.

Tout ce qui est *important* est demeuré intact et il n'est
pas difficile de réparer le reste. On ne peut exiger pour ce
travail que la technique que possèdent une escouade d'ouvriers choisis, dirigés par un intelligent «maître-tailleur de
pierre». Mais si la destruction a atteint les «organes vitaux»
de l'édifice, si, par exemple, les portails en question n'offrent plus à la vue qu'un monceau de décombres et qu'il
faille les reconstruire, qu'on renonce plutôt à ce projet chi-
mérique, qui renferme d'ailleurs une part de sacrilège. Il
est impossible d'ériger à nouveau, au nom de l'esthétique,
du goût et de l'orgueil national (et les artistes qui travaille-
raient dans ces conditions ne sont pas encore nés), ce qui a
été créé et nourri par la prière. Les ruines de la cathédrale
de Reims resteront pleines de beauté et de poésie, et, par
conséquent, de vie; «une nouvelle cathédrale de Reims» ne
serait autre chose qu'une contrefaçon inanimée et dépour-
vue d'idéal, quand bien même chaque détail répéterait ser-
vilement le détail disparu [1]. Et s'il n'y avait que cette leçon
à tirer de la destruction de la cathédrale de Reims qu'avec
l'unique secours de l'esthétique et de l'archéologie on est
loin d'atteindre à l'art, quelque grand que soit le sacrifice,
il faudrait le considérer comme «fécond». Mais, en vérité,
ce terrible sacrifice doit enseigner autre chose encore. Le
coup a été trop violent; aussi les sentiments et les pensées
qui sommeillaient au tréfonds de l'âme, enterrés sous l'ac-
cumulation des soucis et des labeurs pour le pain quoti-
dien, se sont réveillés et ont rouvert les yeux à la lumière.

---

[1] On peut faire une exception en faveur du campanile de Venise,
construction purement décorative; mais si Saint-Marc allait être détruit,
ne serait-ce pas commettre une monstrueuse profanation que de le
reconstruire, et en badigeonnant encore d'une patine artificielle ce qui ne
serait plus qu'un décor de théâtre?

Aucun sermon, aucun pèlerinage n'auraient pu faire pour la France ce qu'a fait la « mort de martyre » de ce beau monument, la cathédrale de Reims. Il n'est pas question ici uniquement d'art, ou plus exactement il n'est pas question particulièrement d'art, mais de toute « l'économie de l'âme ». Tout à coup, tout a changé. Ce qui semblait précieux s'est révélé être sans valeur aucune, et ce qui paraissait mort, jusqu'à la fin des siècles, s'est réveillé plein de forces vives. Du reste, cette guerre monstrueuse et atroce enfante un monde nouveau et magnifique ; et tous en reconnaissent déjà la physionomie. Quelle beauté, par exemple, ne ressort-il pas de chaque récit des blessés ! En particulier, la guerre doit produire un art nouveau, non pas (le ciel nous en préserve !) cet art nouveau qui a été préconisé jusqu'ici par les futuristes, art sauvage, égoïste, qui se montre à la fois trivial et désespérément vide, mais cet art dont nous lisons les éloquents hiéroglyphes dans les contours, découpés par les bombes, de la cathédrale de Reims, cet art qui, des blessures faites aux pierres sacrées et d'où maintenant s'écoule le sang des prières du passé, répandra au loin le parfum des antiques légendes. Moi, qui aime la France comme ma véritable aïeule, je désire de toutes les forces de mon âme qu'elle prête l'oreille à ces prières, qu'elle les reçoive dans son cœur et que, se les étant appropriées, elle guérisse radicalement. Alors, elle n'aura plus à redouter les machinations les plus ingénieuses de Krupp. Ce que cette renaissance de l'âme française peut et doit produire, nous en avons l'avant-goût dans la littérature française la plus récente. Cette renaissance s'est manifestée dans toute sa beauté au moment de la mobilisation française, à laquelle il m'a été donné d'assister. Qui aurait maintenant le front de jeter la pierre à la femme française calomniée, lorsqu'elle s'est montrée capable de si grands sacrifices, d'un si grand héroïsme et d'une si grande sérénité?

Les femmes françaises, j'en ai la conviction, prouveront qu'elles sont à même de nourrir dans leurs cœurs la vraie réponse à toutes les profanations des Allemands et d'opposer à leur joie du mal la beauté salutaire d'une âme régénérée.

ALEXANDRE BENOIT.

(*La Retch* du 3 (16) octobre 1914.) Trad. par A. Langie.

ANGLETERRE

BRITAIN'S DESTINY AND DUTY

DECLARATION BY AUTHORS

A Righteous War.

We have received the following statement :— ·

The undersigned writers, comprising amongst them men and women of the most divergent political and social views, some of them having been for years ardent champions of good will towards Germany, and many of them extreme advocates of peace, are nevertheless agreed that Great Britain could not without dishonour have refused to take part in the present war.

No one can read the full diplomatic correspondence published in the White Paper without seeing that the British representatives were throughout labouring whole-heartedly to preserve the peace of Europe, and that their conciliatory efforts were cordially received by both France and Russia.

When these efforts failed, Great Britain had still no direct quarrel with any Power. She was eventually compelled to take up arms because, together with France, Germany, and Austria, she had solemnly pledged herself to maintain the neutrality of Belgium. As soon as danger to that neutrality arose she questioned both France and Germany as to their intentions. France immediately renewed her pledge not to violate Belgian neutrality; Germany refused to answer, and soon made all answer needless by her actions. Without even the pretence of a grievance against Belgium, she made war on the weak and unoffending country she had undertaken to protect, and has since carried out her invasion with a calculated and ingenious ferocity which has raised questions other and no less grave than that of the wilful disregard of treaties.

When Belgium in her dire need appealed to Great Britain to carry out her pledge this country's course was clear. She had either to break faith, letting the sanctity of treaties and the rights of small nations count for nothing before the threat of naked force, or she had to fight. She did not hesitate, and we trust she will not lay down arms till Belgium's integrity is restored and her wrongs redressed.

The treaty with Belgium made our duty clear, but many of us feel that, even if Belgium had not been involved, it would have been impossible for Great Britain to stand aside while France was dragged into war and destroyed. To permit the ruin of France would be a crime against liberty and civilization. Even those of us who question the wisdom of a policy of Continental Ententes or Alliances refuse to see France struck down by a foul blow dealt in violation of a treaty.

We observe that various German apologists, official and semi-official, admit that their country has been false to its pledged word, and dwell almost with pride on the " frightfulness" of the examples by which it has sought to spread terror in Belgium, but they excuse all these proceedings by a strange and novel plea. German culture and civilization are so superior to those of other nations that all steps taken to assert them are more than justified; and the destiny of Germany to be the dominating force in Europe and the world is so manifest that ordinary rules of morality do not hold in her case, but actions are good or bad simply as they help or hinder the accomplishment of that destiny.

These views, inculcated upon the present generation of Germans by many celebrated historians and teachers, seem to us both dangerous and insane. Many of us have dear friends in Germany, many of us regard German culture with the highest respect and gratitude; but we cannot admit that any nation has the right by brute force to impose its culture upon other nations, nor that the iron military bureaucracy of Prussia represents a higher form of human society than the free constitutions of Western Europe.

Whatever the world-destiny of Germany may be, we in Great Britain are ourselves conscious of a destiny and a duty. That destiny and duty, alike for us and for all the English-speaking race, call upon us to uphold the rule of common justice between civilized peoples, to defend the rights of small nations, and to maintain the free and law-abiding ideals of Western Europe against the rule of " Blood and Iron " and the domination of the whole Continent by a military caste.

For these reasons and others the undersigned feel bound to support the cause of the Allies with all their strength, with a full conviction of its righteousness, and with a deep sense of its vital import to the future of the world.

WILLIAM ARCHER	LAURENCE BINYON
H. GRANVILLE BARKER	A. C. BRADLEY
J. M. BARRIE	ROBERT BRIDGES
ARNOLD BENNETT	HALL CAINE
A. C. BENSON	R. C. CARTON
EDWARD BENSON	C. HADDON CHAMBERS
ROBERT HUGH BENSON	G. K. CHESTERTON

Hubert Henry Davies
Arthur Conan Doyel
H. A. L. Fisher
John Galsworthy
Anstey Guthrie (F. Anstey).
H. Rider Haggard
Thomas Hardy
Jane Ellen Harrison
Anthony Hope Hawkins
Maurice Hewlett
Robert Hichens
Jerome K. Jerome
Henry Arthur Jones
Rudyard Kipling
W. J. Locke
E. V. Lucas
J. W. Mackail
Frederic John Masefield
A. E. W. Mason

Gilbert Murray
Henry Newbolt
Barry Pain
Gilbert Parker
Eden Phillpotts
Arthur Pinero
Arthur Quiller-Couch
Owen Seaman
George R. Sims
May Sinclair
Flora Annie Steel
Alfred Sutro
George Macaulay Trevelyan
George Otto Trevelyan
Humphry Ward
Mary A. Ward
H. G. Wells
Margaret L. Woods
Israel Zangwill

September, 1914.

PROTESTATION DES ARTISTES

écrivains et penseurs anglais

contre la ruine de Louvain et de Reims.

En dépit de l'horreur soulevée dans l'univers par la dévastation de Malines et de Louvain, les armées allemandes viennent de ravager la cathédrale de Reims. Ce forfait, accompli de propos délibéré, n'atteint pas seulement une nation, mais l'humanité entière dont un tel monument était l'honneur. A cet assassinat contre le génie humain, l'élite de tous les pays doit répondre par un cri de révolte qui flétrisse les destructeurs sacrilèges. Sans rendre le peuple allemand tout entier responsable des crimes de ses chefs, nous déplorons, pour son honneur, que pas une voix ne se soit élevée de son sein pour protester contre eux. En attendant que les auteurs de ces attentats soient châtiés, nous en appelons contre eux au jugement du monde.

Adam, P. W.

Adams, Henry.

Alexander, Sir George

Amidi de Rio Branco.

Anderson, Sir Robert.

Anderson, Sir R. Rowand.

Armstrong, Sir Walter.

Aahby, Th.

Bangor, Bishop of.

Bantock, Granville.

Barclay, Mrs. F. L.

Bateman, Sir Alfred.

Bayes, Gilbert.

Beaumont, P. H.

Beddard, F. E.

Beerbohm, Max.

Bell, Sir Hugh, Bart.

Belloc-Lowndes, Mrs.

Bennett, Arnold.

Benson, E. F.

Beresford, J. D.

Berwick, Lord.

Binyon, Laurence.

Birmingham, Bishop of.

Black, Adam.

Blomfield, Reginal.

Boot, W. H. J.

Boryex, Louis.

Braddon, Miss M. E.

Bradley, A. C.

Bramley, Frank.

Brock, Sir Thomas.

Bromley, Bishop Suff. of.

Brown, A. K.

Burne-Jones, Sir Phil., Bart.

Burnet, John James.

Burridge, F. V.

Cadenhead, James.

Caine, Hall.

Cameron, David, Y.

Canton, William.

Carr, J. W. Comyns.

Chambers, C. Hadden.

Chirol, Sir Valentine.

Chelmondeley, Miss Mary.
Clausen, George.
Clifford, Mrs. W. K.
Clodd, Edward.
Colles, W. Morris.
Collier, Hon. John.
Colquhoun, Archibald R.
Conway, Sir W. Martin.
Cope, Arthur.
Corelli, Miss Marie
Courtney, W. L.
Cowen, Sir Frederick.
Cowper, Frank Cadogan.
Crane, Commend. Walter.
Cuneo, Cyrus.

Davies, H. H.
De Morgan, Evelyn.
De Morgan, Wm.
Derby, Bishop of.
Dickens-Lewis, Geo.
Dicksee, Frank.
Dodgson, Campbell.
Doyle, Sir A. Conan.
Drury, Alfred.
Dudeney, Mrs Henry.

Elgar, Sir Edward.
Exeter, Bishop of.
Eyre, John.

Fildes, Sir Luke.
Fisher, Mark.

Fitton, Hedley.
Flint, W. Russell.
Frampton, Sir George.
Frazer, W. M.
Freshfield, Douglas.

Gallatin, Count.
Galsworthy, John.
Gardiner, A. G.
Gardner, Edmund G.
Garvice, Charles.
Garvin, J. L.
Gascoyne, G.
George, Sir Ernest.
Gibb, Robert.
Gill, Harry.
Ginnett, Louis.
Gosse, Edmund, C. B.
Gould, Sir Francis.
Gould, S. Baring.
Graham, Peter.
Grand, Sarah.
Grantham, Bishop Suff. of.
Guthrie, Anstey.
Gwinne, H. A.

Hacker, Arthur.
Haggard, Sir Rider.
Haig, Axel H.
Hamilton, Cicely.
Hamilton, Edwin J.
Hamilton, J. Whitelaw.

<table>
<tr><td>Mackinder, H. J.</td><td>Page, T. E.</td></tr>
<tr><td>Macmillan, Sir Frederick.</td><td>Paine, George H.</td></tr>
<tr><td>Marsland, Ellis.</td><td>Palin, W. M.</td></tr>
<tr><td>Mason, A. E. W.</td><td>Parker, Sir Gilbert.</td></tr>
<tr><td>McCarthy, Justin Huntly.</td><td>Partridge, Bernard.</td></tr>
<tr><td>McCormick, A. D.</td><td>Paterson, A. N.</td></tr>
<tr><td>McGill, D.</td><td>Paterson, James.</td></tr>
<tr><td>McGregor, Robert.</td><td>Pinero, Sir Arthur Wing.</td></tr>
<tr><td>McKay, W. D.</td><td>Pirie, George.</td></tr>
<tr><td>Meredith, W.</td><td>Plender, Sir William.</td></tr>
<tr><td>Michie, J. Coutts.</td><td>Plunkett, The Rt. Hon. Sir</td></tr>
<tr><td>Middleton, G. A. T.</td><td>   Horace.</td></tr>
<tr><td>Milford, H. S.</td><td>Pollock, The Rt. Hon. Sir</td></tr>
<tr><td>Millais, J. G.</td><td>   Frederick, Bart.</td></tr>
<tr><td>Monson, E. C. P.</td><td>Pomeroy, Frederick W.</td></tr>
<tr><td>Moore, George</td><td>Portsmouth, Percy H.</td></tr>
<tr><td>Moore, Thomas Sturge.</td><td>Poynter, Sir E. J., Bart.</td></tr>
<tr><td>Morrison, W. D.</td><td>Prichard, Hesketh.</td></tr>
<tr><td>Murray, Charles O.</td><td></td></tr>
<tr><td>Murray, David (R. A.).</td><td>Quiller-Couch, Sir Arthur.</td></tr>
<tr><td>Murray, David (LL. D.)</td><td>Rackham, Arthur</td></tr>
<tr><td>Murray, G. Gilbert.</td><td>Ramsay, Sir William, Bart.</td></tr>
<tr><td></td><td>Read, Sir Charles Hercules.</td></tr>
<tr><td>Newbolt, Henry</td><td>Reid, R. Payton.</td></tr>
<tr><td>Nicholson, William.</td><td>Reynolds-Stephens, W.</td></tr>
<tr><td>Nisbet, Robert.</td><td>Richmond, Sir Wm Blake.</td></tr>
<tr><td>Noble, Robert.</td><td>Riddell, Sir George</td></tr>
<tr><td>Northcliffe, Lord.</td><td>Robertson, David.</td></tr>
<tr><td>Noyes, Alfred.</td><td>Robins, Miss Elisabeth.</td></tr>
<tr><td>Olsson, Julius.</td><td>Roche, Alexander.</td></tr>
<tr><td>Orpen, William.</td><td>Roe, Fred.</td></tr>
<tr><td>Osborne, Malcolm</td><td>Russell, Sir Edward.</td></tr>
</table>

LETTRE DE ROMAIN ROLLAND
A GERHART HAUPTMANN

Je ne suis pas, Gerhart Hauptmann, de ces Français qui traitent l'Allemagne de barbare. Je connais la grandeur intellectuelle et morale de votre puissante race. Je sais tout ce que je dois aux penseurs de la vieille Allemagne ; et encore, à l'heure présente, je me souviens de l'exemple et des paroles de *notre* Gœthe — il est à l'humanité entière — répudiant toute haine nationale et maintenant son âme calme, à ces hauteurs « où l'on ressent le bonheur ou le malheur des autres peuples comme le sien propre ». J'ai travaillé, toute ma vie, à rapprocher les esprits de nos deux nations ; et les atrocités de la guerre impie qui les met aux prises, pour la ruine de la civilisation européenne, ne m'amèneront jamais à souiller de haine mon esprit.

Quelques raisons que j'aie donc de souffrir aujourd'hui par votre Allemagne et de juger criminelle la politique allemande et les moyens qu'elle emploie, je n'en rends point responsable le peuple qui la subit et s'en fait l'aveugle instrument. Ce n'est pas que je regarde, ainsi que vous, la guerre comme une fatalité. Un Français ne croit pas à la fatalité. La fatalité, c'est l'excuse des âmes sans volonté. La guerre est le fruit de la faiblesse des peuples et de leur stupidité. On ne peut que les plaindre, on ne peut leur en vouloir. Je ne vous reproche pas nos deuils ; les vôtres ne seront pas moindres. Si la France est ruinée, l'Allemagne le sera aussi. Je n'ai même pas élevé la voix, quand j'ai vu vos armées violer la neutralité de la noble Belgique. Ce forfait contre l'honneur, qui soulève le mépris dans toute conscience droite, est trop dans la tradition politique de vos rois de Prusse ; il ne m'a pas surpris.

Mais la fureur avec laquelle vous traitez cette nation magnanime, dont le seul crime est de défendre jusqu'au désespoir son indépendance et la justice, comme vous-mêmes, Allemands, vous l'avez fait en 1813... c'en est trop ! L'indignation du monde se révolte. Réservez-nous ces violences à nous, Français, vos vrais ennemis ! Mais vous acharner contre vos victimes, contre ce petit peuple belge, infortuné et innocent !... quelle honte !

Et non contents de vous en prendre à la Belgique vivante, vous faites la guerre aux morts, à la gloire des siècles. Vous bombardez Malines, vous incendiez Rubens, Louvain n'est plus qu'un monceau de cendres — Louvain avec ses travaux d'art, de science, la ville sainte ! — Mais qui donc êtes-vous ? et de quel nom voulez-vous qu'on vous appelle à présent, Hauptmann, qui repoussez le titre de barbares ? Etes-vous les petits-fils de Gœthe ou ceux d'Attila ? Est-ce aux armées que vous faites la guerre ou bien à l'esprit humain ! Tuez les hommes, mais respectez les œuvres ! C'est le patrimoine du genre humain. Vous en êtes, comme nous tous, les dépositaires. En le saccageant, comme vous faites, vous vous montrez indignes de ce grand héritage, indignes de prendre rang dans la petite armée européenne qui est la garde d'honneur de la civilisation.

Ce n'est pas à l'opinion du reste de l'univers que je m'adresse contre vous. C'est à vous-même, Hauptmann. Au nom de notre Europe, dont vous avez été jusqu'à cette heure un des plus illustres champions, — au nom de cette civilisation pour laquelle les plus grands des hommes luttent depuis des siècles, — au nom de l'honneur même de votre race germanique, Gerhart Hauptmann, je vous adjure, je vous somme, vous et l'élite intellectuelle allemande où je compte tant d'amis, de protester avec la dernière énergie contre ce crime qui rejaillit sur vous.

Si vous ne le faites point, vous montrez de deux choses l'une, — ou bien que vous l'approuvez (et alors que l'opinion du monde vous écrase!) — ou bien que vous êtes impuissants à élever la voix contre les Huns qui vous commandent. Et alors, de quel droit pouvez-vous encore prétendre, comme vous l'avez écrit, que vous combattez pour la cause de la liberté et du progrès humains? Vous donnez au monde la preuve qu'incapables de défendre la liberté du monde vous l'êtes même de défendre la vôtre, et que l'élite allemande est asservie au pire despotisme, à celui qui mutile les chefs-d'œuvre et assassine l'Esprit humain.

J'attends de vous une réponse, Hauptmann, une réponse qui soit un acte. L'opinion européenne l'attend, comme moi. Songez-y : en un pareil moment, le silence même est un acte.

Romain Rolland.

RÉPONSE DE GERHART HAUPTMANN
A ROMAIN ROLLAND

Vous m'adressez, monsieur Rolland, publiquement des paroles qui expriment la douleur au sujet de la guerre (guerre imposée par la Russie, l'Angleterre et la France), douleur au sujet des dangers que court la culture européenne et de l'anéantissement des monuments vénérables de l'art ancien. Je partage cette douleur en ce qu'elle a de général. Toutefois je ne consens pas à vous donner une réponse, que vous me dictez en quelque sorte à l'avance, et dont vous dites à tort que toute l'Europe l'attend. Je sais que du sang allemand coule dans vos veines. Votre beau *Jean-Christophe* demeurera toujours vivant pour nous, Allemands, à côté de *Wilhelm Meister* et de *Henri-le-Vert*. La France est devenue votre pays d'adoption ; c'est pourquoi votre cœur est aujourd'hui déchiré, pourquoi votre jugement n'est plus clair. Vous avez travaillé avec ardeur à la réconciliation des deux peuples. Et malgré cela, vous voyez, — aujourd'hui que la rupture sanglante anéantit votre belle vision de paix tout comme elle a anéanti bien d'autres choses, — notre pays et notre peuple avec des yeux français, de sorte que tout effort serait vain de chercher à vous les faire envisager avec des yeux allemands et tels qu'ils sont.

Naturellement, tout ce que vous dites de notre gouvernement, de notre armée, de notre peuple, est déformé et foncièrement faux ; tout cela est faux à ce point que votre lettre ouverte est pour moi comme une plaine noire et vide. La guerre est la guerre. Vous pouvez déplorer la guerre, mais non vous plaindre de faits qui sont la conséquence inséparable de ce fait élémentaire. Certainement il est fâcheux que dans le tourbillon d'un combat, un irremplaçable tableau de Rubens soit anéanti, mais — honneur à Rubens — je suis de ceux pour qui la poitrine transpercée d'un homme est une beaucoup plus grande douleur. Et puis, monsieur Rolland, je ne puis admettre que vous me parliez comme si vos compatriotes, les Français, venaient à nous des palmes à la main, alors que, en vérité, ils sont amplement pourvus de canons, de cartouches, et même de balles dum-dum. Bien entendu, nos héroïques armées vous apparaissent terribles. C'est la gloire d'une force invincible par la justice de sa cause. Mais le soldat allemand n'a absolument rien de commun avec les dégoûtantes [*ekelkaft*] et niaises histoires de loups-garous que votre presse française mensongère répand avec tant de zèle, et à laquelle le peuple français et le peuple belge sont redevables de leur malheur. Qu'un Anglais désœuvré nous traite de « Huns » ; que, pour l'amour de moi, vous appeliez les guerriers de notre magnifique landwehr les « fils d'Attila » ; il nous suffit que cette landwehr brise le cercle impitoyable de nos ennemis. Il vaut infiniment mieux que vous nous traitiez de « fils d'Attila », que vous fassiez trois croix sur nous en restant en dehors de nos frontières, plutôt que de venir placer une inscription sentimentale sur la tombe du nom allemand en nous appelant les « fils de Gœthe ». Il est des gens, Huns eux-mêmes. qui traitent les autres de Huns, parce qu'ils voient leurs criminelles attaques contre un peuple sain et valeureux déjouées, et qu'à leur violence une violence encore plus puissante répond. A celui qui est frappé d'impuissance, il reste l'outrage.

Je ne dis rien contre le peuple belge. Le passage paisible des armées allemandes par son territoire, question de vie pour l'Allemagne, ne fut pas accordé, parce que le gouvernement de la Belgique était devenu l'instrument de l'Angleterre et de la France. Ce gouvernement, pour se maintenir, a alors organisé une guerre de partisans sans exemple, et de cette façon — monsieur Rolland, vous êtes musicien ! — il a donné le ton à la conduite de la guerre, un ton terrible, ma foi. Si vous voulez tenter de percer l'amoncellement gigantesque de mensonges que les ennemis de l'Allemagne ont accumulé, lisez le compte rendu adressé par notre chancelier le 7 septembre à l'Amérique ; prenez connaissance aussi du télégramme que, le 8 septembre, l'empereur lui-même adressait au président Wilson. Vous apprendrez alors des choses qu'il est indispensable de savoir pour comprendre le malheur de Louvain.

Gerhart Hauptmann.

RÉPONSE DE ROMAIN ROLLAND

M. Romain Rolland écrit au *Journal de Genève*, en réponse à la lettre de Hauptmann qu'on vient de lire :

Monsieur le directeur du *Journal de Genève*,

Cher monsieur,

Gerhart Hauptmann m'annexe à l'Allemagne, tout comme si j'étais une simple Belgique. Mais ni elle, ni moi, nous ne nous laisserons faire.

Je n'ai pas une goutte de sang allemand, — à moins que l'on ne remonte peut-être aux grandes Invasions, dont « la splendide landwehr », comme dit Hauptmann, reproduit avec succès les procédés de guerre.

Hauptmann ne peut comprendre qu'un Français soit plus fidèle que lui au vieil idéalisme allemand, qu'écrase l'impérialisme prussien. Tandis que je me refuse à rendre responsable l'ensemble de l'Allemagne des crimes de son maître, Hauptmann préfère se solidariser avec eux. Il prosterne le droit aux pieds de la force. *La guerre est la guerre,* dit-il... *Not kennt kein Gebot.* — Il ne voit pas que ses paroles se retourneront contre son pays et contre lui. Que dira-t-il, si les Alliés, vainqueurs, envahissant l'Allemagne, lui opposent sa loi d'airain ? Il aime mieux qu'on appelle « *fils d'Attila* » les Allemands vainqueurs, que d'écrire : « *fils de Gœthe* » sur la tombe des Allemands vaincus. Que dira-t-il si sur cette tombe, on inscrit : « *fils d'Attila* »? Et que reste-t-il à la défaite, si ses mains sont souillées ?

Pauvre Allemagne ! Trahie par tes maîtres de la pensée, comme par ceux de l'action ! Faudra-t-il donc la pire épreuve, pour briser le joug qui t'opprime et arracher à sa léthargie ta vieille grande âme éprise de justice et de foi !

ROMAIN ROLLAND.

NAPOLÉON AU LENDEMAIN D'IÉNA.
« JE NE FAIS PAS LA GUERRE AUX ARTS. »

M. Babelon, l'éminent membre de l'Institut (Académie des inscriptions et belles-lettres), professeur au Collège de France, adresse à Maurice Barrès l'éloquente lettre qui suit :

« Mon cher confrère et ami,

» Tandis que le haut commandement des armées allemandes donne l'ordre monstrueux de détruire — sous des prétextes souvent mensongers — les monuments et les œuvres d'art des pays qu'elles occupent, voulez-vous me permettre de vous rappeler un épisode des guerres du Premier Empire, qui met en relief la manière française de faire la guerre ?

» C'était au lendemain d'Iéna ; la Prusse était écrasée. Napoléon se trouvant à Berlin reçut, le 4 novembre 1806, les députés des Universités allemandes, qui tremblaient pour le sort des richesses artistiques et des monuments de l'Allemagne, ainsi que pour les études des savants de ce pays. L'Empereur les rassura sur-le-champ : « *Je ne fais pas la guerre aux arts,* » dit-il aux délégués, et il leur garantit l'indépendance et la liberté de leurs études avec la protection des monuments et des collections. Il alla plus loin : il accorda aux Universités allemandes une large subvention.

» L'Académie des inscriptions et belles-lettres fut alors chargée de commémorer cette noble attitude du vainqueur par une médaille. C'est cette médaille, projetée et dessinée par Lemot, pour l'Académie, dont je vous envoie la photographie. Elle représente, d'un côté, l'effigie de Napoléon empereur ; de l'autre, on voit une Femme qui personnifie la Science et les Arts, assise dans l'attitude et avec l'expression de l'abattement. Devant elle, l'Empereur est debout, en costume héroïque, et lui tend la main droite en signe de protection. La légende contient le mot célèbre de Démétrius Poliorcète faisant le siège de Rhodes : *Non bella cum artibus.* « Je ne fais point la guerre aux arts. » A l'exergue, on lit : *Academiis Germaniæ servatis. 1806.* « Protection accordée aux Universités d'Allemagne. »

» Ainsi, le conquérant Français sut, au milieu du bruit des canons, écouter la voix des Muses, protéger les monuments, les arts et la science. Certes ! il y eut, au cours de nos marches victorieuses à l'étranger, des monuments détruits ; une guerre pourrait-elle exister sans entraîner ces désastres ? Nous savons aussi que Napoléon opéra des prélèvements dans les collections artistiques des pays étrangers, pour remplacer les indemnités pécuniaires et enrichir les musées français. Je me plais à espérer, à présent, que la destruction de la bibliothèque de Louvain et de la cathédrale de Reims sera payée avec des œuvres d'art choisies dans les musées et bibliothèques d'Allemagne. Mais ces mesures, justifiées par le droit de la guerre, ne sauraient être mises en parallèle avec le brigandage allemand. Détruire par haine est un acte de barbare ; incendier par rage une cathédrale, un musée, une bibliothèque, c'est porter une atteinte sauvage au patrimoine intellectuel de l'humanité.

» Veuillez agréer, je vous prie, mon cher confrère et ami, l'expression de mes plus dévoués sentiments.

» Babelon.»

*

LA CATHÉDRALE DE REIMS

Qui parcourait les plaines d'or de la Champagne
En ces midis d'automne où le pampre reluit
    La regardait venir à lui
Comme une impérieuse et tranquille montagne.

Depuis le matin clair jusqu'au tomber du jour
    Elle avançait et s'approchait
    De celui qui marchait ;
Et sitôt qu'il sentait l'ombre des grandes tours
    Qui barraient la contrée
    Le gagner à leur tour,
    Il entrait dans la pierre
Creusée immensément et pénétrée
Par mille ans de beauté et mille ans de prière.

O vieux temple français, gardé par tes cent rois,
Dont l'image apaisée illustre tes murailles,
Dis-moi quel chant de gloire, ou quel cri de bataille
Victorieusement n'a retenti en toi !
Tu as connu Clovis le Franc et sa compagne
Dont la main a guidé la main de saint Rémy,
Et peut-être un écho sous ta voûte endormi
Jadis, a entendu la voix de Charlemagne.

Tu frissonnas pendant des siècles, pour ton Dieu
Quand le monde connut les nouvelles croyances,
Mais tu restas debout sous le ciel large et bleu,
Grâce au respect que te voua toute la France.

Temple, tu es sacré, de ton faîte à tes pieds ;
Au soir tombant, se joue à travers tes verrières
Comme un soleil infiniment multiplié ;
Sur tes grands murs, les ténèbres et les lumières —
Joie et deuil — font leur voyage silencieux,
Autour de tes piliers qui fusent jusqu'aux cieux.
Les petits cierges blancs, de leurs clartés pointues,
Illuminent le front penché de tes statues
Et dressent leurs buissons de flammes dans la nuit.
Une immense ferveur se dégage sans bruit
Des foules à genoux, qui contiennent leurs larmes,
Mais qui savent pourtant qu'au long du Rhin, là-bas —
        Canons, chevaux, drapeaux, soldats —
Se meut et se rassemble un immense bruit d'armes,

Soudain, chacun prend peur ;
Le monde entend passer de volantes rumeurs,
Les drapeaux belliqueux blasonnent les façades,
Le peuple crie et rage autour des ambassades.
Bientôt, l'immense guerre envahit les pays.
Les bataillons teutons descendus vers Paris
Sont rejetés et poursuivis jusqu'en Champagne ;
Et puisqu'il fait accueil à tout homme lassé,
Le grand temple de gloire et d'amour traversé
S'en vient aussi vers eux du fond de la campagne.

Un canon tout à coup est braqué contre lui :
        Il n'est pignon, il n'est muraille
        Qui ne souffre, le jour, la nuit,
Du brusque éclatement des blocs de la mitraille ;
Le tocsin saccadé, halète au creux des tours ;
La triple nef, l'abside et le chœur solitaire

Sont entourés la nuit, le jour,
D'une ceinture de tonnerres
Et le crime rôdeur guette et répand la mort.

'Alors.
Ce qui fut la splendeur des choses baptisées :
Ogives vers leurs voûtes immobiles élancées,
Verrières d'ombre et d'or, transepts, piliers géants,
Orgues faisant un bruit d'orage et d'océan,
Cryptes dont les grands morts heurtaient les labyrinthes,
Douces mains de la Vierge, et regards purs des saintes,
Tout, jusqu'aux bras du Christ, immense et pardonnant,
Fut jeté et broyé sous le piétinement
Du plus rageur des sacrilèges.

O merveille tuée, O beauté prise au piège !
Murs de force et de foi atrocement fendus !
Ainsi qu'un rampement de luisantes couleuvres,
Le feu mordait la chair divine des chefs-d'œuvre :
On entendait souffrir de beaux gestes tendus
— Depuis quel temps — vers la pitié et la justice.
De pauvres voix sortaient du marbre et du granit,
Les ostensoirs d'argent par les pages bénis,
Les chandeliers, et les crosses, et les calices
Etaient mordus par les flammes et s'y tordaient ;
L'horreur était partout propagée et brandie,
Les vieux saints du portail choyaient dans l'incendie,
Et leurs pleurs et leurs cris dans la mort se perdaient.

Autour du grand brasier se battaient les armées,
Le sol retentissait encor sous leur effort
Que soudain les Teutons rallièrent au nord
Leur gauche effrayamment foulée et décimée;

Pourtant, avant de fuir,
Les aigles impériales
Certes, ont dû voir
Là-bas, au fond du soir,
Avec ses bras brûlés, la vieille cathédrale
Tendre leur honte à l'avenir.

Emile Verhaeren.

(Publié dans *The Nation*, 24 octobre 1914.)

TABLE DES MATIÈRES

— 137 —

TABLE DES GRAVURES

10me *Cahier vaudois :*

LOUVAIN...
REIMS...

I

ARTICLES DE :

André Suarès :	La Plainte de Rheims.
Romain Rolland :	Pro Aris.
René Morax :	Le droit à la résistance.
Dr Auguste Forel :	Deux mots sur l'origine psychophysiologique de la guerre actuelle.
N. L. (traduit du russe par A. Langie) :	L'opinion de Dostoïevsky sur l'Allemagne et les Allemands.

LETTRES DE :

Paul Claudel, Jacques Copeau, Dr Alfonso Costa, Louis Dumur, Gugglielmo Ferrero, Jose di Figueredo, Paul Fort, Ada Negri, Giuseppe Prezzolini, Teixeira de Quieroz, Auguste Rodin, Nicolas Roubakine, Drs Roux et Metchnikoff, Comte W. van den Steen de Jehay, Igor Strawinsky, Micuel de Unamuno, Emile Verhæren.

IMPRIMERIES RÉUNIES S. A. LAUSANNE.

En Belgique.
Intérieur de l'église de Pervyse après le bombardement.

(Cliché Meurisse, Paris.)

Les Tours de la Cathédrale de Reims.
Sur l'une des tours on aperçoit le drapeau de la Croix-Rouge.

(Cliché dû à l'obligeance de M. Withney Warren.)

Arras. — *L'Hôtel de Ville.*

(Cliché communiqué par M. Charles Trampus, Milan.)

Les restes de la grande cloche de la Cathédrale de Louvain,
tombée dans l'intérieur de l'église.

(Cliché Meurisse, Paris.)

REIMS. — *Intérieur de la Cathédrale.*

(Cliché inédit Ch. Berthelomier, Paris.)

L'Incendie de la Cathédrale de Reims.
Seconde phase : Le monument est entouré d'un nuage de légère fumée.

(Cliché dû à l'obligeance de M. Withney Warren.)

ARRAS. — *Le coin de l'Hôtel de Ville.*

(Cliché Ch. Berthelomier, Paris.)

YPRES. — *La Tour des Halles.*

REIMS. — *Intérieur de la Cathédrale.*

(Cliché dû à l'obligeance de M. Withney Warren.)

ARRAS. — *L'Hôtel de Ville.*

REIMS. — *L'archevêché.*

(Cliché dû à l'obligeance de M Withney Warren.)

Eglise de Heiltz-le-Maurupt.

(Cliché du Leipziger Presse-Büro.)

LOUVAIN *aprés l'incendie.*

MCMXIV
IVS ARTESQVE
LICET CALCES
TAMEN VSQVE
RESVRGENT

CERCLE DES ARTS ET DES LETTRES DE GENEVE

Plaquette Angst (verso).

Plaquette Angst (recto).

10me Cahier vaudois :

LOUVAIN...
REIMS...

I

ARTICLES DE :

André Suarès :	La Plainte de Rheims.
Romain Rolland :	Pro Aris.
René Morax :	Le droit à la résistance.
Dr Auguste Forel :	Deux mots sur l'origine psycho-physiologique de la guerre actuelle.
N. L. (traduit du russe par A. Langie) :	L'opinion de Dostoïevsky sur l'Allemagne et les Allemands.

LETTRES DE :

Paul Claudel, Jacques Copeau, Dr Alfonso Costa, Louis Dumur, Gugglielmo Ferrero, José di Figueredo, Paul Fort, Ada Negri, Giuseppe Prezzolini, Teixeira de Quieroz, Auguste Rodin, Nicolas Roubakine, Drs Roux et Metchnikoff, Comte W. van den Steen de Jehay, Igor Strawinsky, Miguel de Unamuno, Emile Verhæren.

Imprimeries Réunies S. A. Lausanne.

www.ingramcontent.com/pod-product-compliance
Ingram Content Group UK Ltd.
Pitfield, Milton Keynes, MK11 3LW, UK
UKHW021725090726
13657UKWH00002B/508